도요타의 품질

세계 최고 이익을 창출하는 비밀!

도요타의
품질

오자와 케이스케 지음
구자옥 옮김
최순철 · 배인규 감수

한국경제신문

품질이 낮은 최고란 없다

2018년 현재 세계 최고 자동차회사는 도요타다. 도요타
는 가장 많이 팔리는 자동차다.

　2018년 상반기 동안 도요타 자동차는 전 세계에서 430
만 대가 팔렸다. 낮이든 밤이든 가리지 않고 한 시간마다
거의 1,000대씩 팔린 셈이다. 같은 기간 동안 지구촌에서
자동차를 구입한 사람 10명 중 한 명꼴로 도요타 자동차
를 샀다. 글로벌 자동차 판매 통계 전문 업체 포커스투무
브의 정확한 데이터에 따르면 도요타의 2018년 상반기
점유율은 9.3%였다. 7.6%를 기록한 2위 폭스바겐이나

6.2%의 3위 포드가 넘보기에 도요타와의 격차는 작지 않아 보인다. 그 뒤를 쫓고 있는 닛산, 혼다, 현대자동차에게도 도요타는 아직 넘볼 수 없는 철옹성일지 모른다.

도요타는 가장 높은 브랜드가치의 자동차다. 영국의 브랜드 평가 전문 업체인 브랜드 파이낸스(Brand Finance)는 2018년 도요타의 브랜드 가치를 437억 달러로 평가했다. 도요타라는 브랜드 값이 원화로 50조란 얘기다. 도요타의 브랜드 가치는 경쟁사인 메르세데스-벤츠와 1위 자리를 놓고 계속 엎치락뒤치락하고 있다. 한국 사람들에게 유독 인기가 있지만 잇단 화재 사고가 그치지 않고 있는 BMW의 브랜드 가치는 418억 달러로 3위를 기록 중이다.

도요타는 탁월한 수익을 내는 회사다. 도요타를 최고로 만드는 또 다른 요소는 영업이익률이다. 도요타는 지난 2018년 3월, 2017년 결산 실적을 발표했다. 매출액 약 293조 원, 영업이익 약 24조 원으로 역대 최고를 갱신한 수치였다. 전년과 대비할 때 매출은 6.5%, 영업이익은 무려 20.3%나 성장했다. 이처럼 도요타는 성장세에 있어서도 다른 글로벌 자동차회사들을 압도한다. 특히 8.2%에 육박하는 영업이익률은 대한민국 자동차회사의 그것이 보통 2.0~4.0%임을 감안할 때 실로 경이로운 숫자다.

시장점유율, 브랜드 가치, 영업이익률, 그리고 성장세까지 자타공인 세계 최고인 도요타. 일본을 넘어 전 세계 제조업의 롤모델로 시샘과 질투를 함께 받고 있는 도요타의 경쟁력 비결은 무엇일까? 도요타는 왜 이토록 강할까?

전문가들은 무엇보다 지속적이고 과감한 신차 개발 노력이 도요타 경쟁력의 핵심이라고 분석한다. 도요타는 차종별 개발 책임자(Chief Engineer, CE)를 중심으로 잘 팔리는 자동차, 더 많은 이익을 내는 신차 개발을 위해 끊임없이 노력하고 과감하게 투자한다.

현장 개선 역시 도요타 신화의 비결 중 하나다. 해를 반복할 때마다 불량을 줄이고 생산성을 올리는 도요타 생산 방식(Toyota Production System, TPS)은 이미 오래전부터 대한민국은 물론 전 세계 제조 업체들의 벤치마킹 대상 제1호다. 현장의 감독자를 중심으로 매일매일 무엇이든 개선해가는 현장이 있기에 도요타는 반짝 스타가 아니라 레전드로 등극해 그 자리를 유지하고 있다.

'원가 기획' 역시 도요타 저력의 원천이다. 특히 경쟁사들의 두 배가 넘는 영업이익률은 바로 원가 기획에서 비롯된다. 도요타는 상품을 기획하듯 제품의 설계 단계부터 부품별로 목표 원가를 설정하고, 부품 업체와 합동으로 활동해 목표 원가를 달성하는 도면을 작성한다. 도요타에게 원가 기획은 저지르고 나서 추스르는 절감의 대상이 아니라 의도한 바대로 만들어내는 기획의 산물이다.

손발 맞는 협력 업체들을 육성하고 효과적으로 관리하는 것도 도요타가 강한 이유다. 도요타의 본사와 연구소는 물론 공장, 나아가 대부분의 협력 업체까지 도요타(豐田) 시(市) 한 곳에 모여 있다. 이처럼 도요타는 하나의 지역에서 협력 업체와 하나가 되어 자동차라는 복잡한 메커니즘을 세계 최고의 품질과 원가로 달성하고 있다.

혼을 담은 신차 개발, 원가 기획을 통한 가격 경쟁력, 협력사와의 유기적 협업. 전문가들이 꼽는 도요타 마법의 비결들이다. 그런데 이와 같은 비결들의 기반이 되는 가장 중요한 것이 있다. 그것은 바로 '품질'이다.

도요타가 최고인 이유는 도요타의 품질이 최고이기 때문이다. 최고의 품질이 도요타가 가장 잘 팔리는 이유이고, 품질이 최고이기 때문에 도요타의 브랜드 가치가 높은 것이다. 영업이익률이 최고인 까닭 역시 도요타의 가공할 만한 품질에 기인한다.

잘 만드는 것보다 잘 파는 것이 중요한 시대라고 말한다. 맞는 말이다. 디지털 기술의 발달은 더 잘 만드는 방법을 소수가 움켜쥘 수 있도록 내버려두지 않는다. 개방된 노하우는 초우량 기업과 그저 그런 기업이 만들어내는 제품의 품질 차이를 0에 가깝게 수렴하고 있다.

그럼에도 불구하고 품질이 중요하다. R&D도 품질이라는 밑바탕이 있어야 이뤄진다. 도요타가 신차 개발에 전념할 수 있는 것도 품질이 최고이기 때문에 가능한 것이다. 이미 만든 자동차가 자꾸 불량이 나고 리콜이 들어오는데 신차 개발에 힘을 집중할 수는 없는 노릇이다. 품질을 최고로 만들고 유지하는 것보다 더 중요한 R&D의 목적은 없다.

원가 기획도 품질의 부산물이다. 많은 회사들이 원가를 줄이다 품질에 생채기를 내는 과오를 범한다. 저품질의 부품이 완성품의 품질을 떨어뜨리고 협력 업체에 대한 무리한 단가 인하 요구로 신뢰에 균열을 만든다. 그러는 사이 보이지 않는 원가는 늘어나고 이익률은 줄어든다. 원가와 영업이익률 역시 품질이 기본이다. 품질이 낮은 최고란 없다. 도요타가 최고인 이유는 도요타의 품질이 최고이기 때문이다. 도요타의 품질 관리가 도요타 신화의 핵심 비결이다.

이 책은 자(自)공정 완결을 통해 공정 내 불량(100ppm이하)과 납입 불량(10ppm이하)을 줄이는 도요타 제조 공정을 담고 있다. 어떻게 최고의 품질을 확보하는지에 관한 도요타의 시스템과 운영 방식을 매우 구체적으로 다뤘다.

도요타는 제품의 품질을 보증하는 것이야말로 고객 제일이란 정신을 실천하는 길이라 믿는다. 이에 따라 생산성과 비용(cost)은 생산자의 사정에 따라 달라질 수 있지만 품질을 제일로 하는 제조 공정의 현장 운영은 목에 칼이 들어와도 지킨다. 물론 다른 회사들도 품질 제일을 모토로 내걸고 품질을 위해 노력한다. 그러나 현실에선 좀처럼 품질이 좋아지지 않아 난관에 봉착하는 기업들이 많다.

일반적으로 대부분의 회사들은 품질을 위해 검사 공정을 강화한다. 그러나 검사 공정은 불량품의 배제가 주목적이기 때문에 양품을 100% 보증하기 힘들다. 또한 제조 부서 입장에선 자신들이 불량품을 만들어도 검사 공정에서 걸러진다는 안도감을 갖게 된다. 그 결과 불량품이 유출되어 고객은 물론 회사에도 피해를 입히게 된다. 따라서 최고의 품질을 위해서는 100% 양품을 고객에게 전달할 수 있는 공정을 구축해야 하는데 도요타는 그 해법을 명확히 제시하고 있다.

'Just·In·Time(JIT)'과 '자동화(自働化)'라는 두 기둥으로 움직이는 도요타 생산 방식에는 '보다 좋은 품질의 제품을 보다 싸게 만든다'는 기본 철학이 깔려 있다. 그리고 이를 위해 '품질은 공정에서 달성한다'는 핵심 원리가 담겨 있다. 도요타의 작업자 한 사람 한 사람은 자신의 공정이 최종 공정이며, 다음 공정(후공정)은 곧바로 고객이라는 생각으로 일한다. 작업자 누구든 최종 책임을 지고 좋은 품질을 달성한다. 이것이 바로 도요타의 자공정 완결이다. 또한 도요타는 결코 '나쁜 것은 만들지 않는다'. 행여 나쁜 것이 생겼을 때는 '다음 공정에 유출하지 않는다'.

'품질은 공정에서 달성한다'는 원리를 실천하기 위해서는 여러 가지 요소가 필요하다. 이 책은 최고의 품질을 만드는 도요타의 비결을 제조 공정을 중심으로 파헤친다. 하지만 이 내용은 비단 제조에 국한되는 것이 아니라 설계와 생산 준비 등 제조와 관련된 부문은 물론 경영자 등 모든 사람들에게 필요한 내용이다.

이 책을 통해 최고의 품질을 위해 고민하는 수많은 분들이 품질 향상을 추진하는 방법을 찾아내고 더 좋은 품질의 제품을 만드는 데 도움이 되길 바란다. 원고 집필을 위해 애써주신 도요타엔지니어링㈜의 많은 분들에게 지면을 빌려 감사 드린다.

오자와 케이스케

도요타의 품질은 왜 NO.1인가?

역자는 20년 전부터 지금까지 도요타를 연구하고 있다. 도요타는 왜 그토록 강할까? 도요타의 힘은 어디서 나오는 걸까? 도요타자동차는 어떻게 세계 최고의 품질을 만들어내는 걸까? 이 물음에 대한 해답을 찾기 위해 도요타 본사는 물론 부품 업체들을 대상으로 다양한 벤치마킹과 분석을 통해 도요타 품질의 비결을 파헤쳐가고 있다.

역자는 오래전부터 지금까지 우리나라 제조 업체의 경영자, 관리자, 감독자들을 대상으로 도요타자동차와 부품 업체의 벤치마킹 연수를 실시하고 있다. 벌써 200회를 한참 넘은 이 연수가 다음 달에도 있는데 이번에는 나고야에서 3박 4일간 자동차 부품을 생산하는 협력 업체 경영자 22명과 함께한다. 그런데 이 연수를 할 때마다 드는 생각이 있다. 나고야 시내에도 서울처럼 도로 곳곳마다 수많은 차량이 주행하고 있다. 간혹 다른 일본 자동차도 눈에 띄긴 하지만 대부분은 도요타의 자동차다. 우리 눈에 익숙한 한국산 자동차는 본 적이 없다. 나뿐만이 아니다. 연수를 거쳐간 수천 명의 일행 중 누구도 한국 자동차를 보지 못했다. 왜 그럴까? 왜 나고야에는, 나아가 일본에는 한국산 차가 거의 없을까?

그 이유는 도요타자동차와 서너 군데 부품 업체 현장만 가봐도 금방 알아낼 수 있다. 도요타와 부품 업체들은 철저하게 현장을 관리한다. 특히 현장에서 이뤄지는 감독자 중심의 품질 관리가 완벽에 가깝다. 솔직히 우리나라 제조 업체의 모습과는 사뭇 다르다. 객관적인 수치인 불량률(납입, 공정, 수입)을 놓고 도요타 부품 업체와 한국 협력 업체를 비교하면 매우 큰 격차가 있다. 도요타 부품 업체들의 품질은 보통 납입 불량 10ppm, 공정 내 불량이 100ppm 수준이다. 가히 범접할 수 없는 세계 최고의 품질 수준이다.

그러나 우리라고 못하란 법은 없다. 우리나라 회사들이 도요타나 그 부품 업체들처럼 세계 최고의 품질을 달성하지 못할 이유가 없다. 역자가 오랫동안 도요타의 현장을 구석구석 뒤지는 이유도 바로 여기에 있다. 우리나라 제조 업체를 1등으로 만드는 가장 강력한 힘인 품질을 세계 최고 수준으로 끌어올리기 위한 방법들을 고민하고 연구하고 찾아내 그것을 실천하도록 돕기 위해서다.

그렇다면 어떻게 해야 우리도 품질을 세계 최고의 수준으로 높일 수 있을까? 역자는 한국 제조업의 품질 향상을 위해 다음의 세 가지를 제안한다.

첫째, 우선 현장의 품질 관리 활동 상태를 정확히 진단하자. 자사의 현장에 어떤 문제가 있는지 파악해 불량 절감 활동 계획을 세우자. 이를 위해 도요타식 품질 관리 진단과 평가를 3일간 실시하자.

둘째, 현장 종업원들에게 품질 관리 방법을 교육하자. 즉 불량을 개선하는 방법을 가르치자. 이를 통해 반장, 조장, 공장들이 매일매일 현장에서 스스로 품질을 관리하고 개선할 수 있도록 하자.

셋째, 사장(CEO)이 먼저 철저하게 품질 관리에 힘쓰자. 이 책 말미에 소개하는 미후네 사례에서도 알 수 있는 것처럼 사장이 앞장설 때 품질 관리에 성공한다. 사장이 철저하게 품질을 확인하고 불량에 대한 대책을 실시하자. 사장이 몸소 품질본부장의 역할을 수행하자.

도요타의 품질을 만드는 철학과 시스템은 물론 매우 구체적인 방법까지 담은 이 책을 통해 우리나라 제조 업체들이 품질을 도요타자동차와 그 부품 업체 수준으로 크게 높이는 계기를 만들 수 있기를 바란다.

끝으로 대한민국 제조 업체의 품질 향상을 위해 열정으로 교육과 지도를 해주시고 이 책의 한국어 출판을 허락해주신 오자와 선생님 그리고 이 책 출판을 위해 힘써주신 한경BP의 한경준 대표님께 진심으로 감사드린다.

구자옥(한국도요타엔지니어링 대표)

도요타의 품질

차례

1장
좋은 품질은 어떻게 탄생하는가

4장

제조 공정의 품질 달성 시스템을 강화하라

5장
신제품의 선행 개선 활동을 강화하라

1장

좋은 품질은
어떻게 탄생하는가

품질을 위해 모든 것을 걸다

참다운 성직자에게 가장 중요한 가치는 신앙이다. 승려든, 목사든 절대자에 대한 자신의 믿음만큼 중요한 것은 없을 것이다. 거꾸로 그들에게 믿음보다 더 중요시 여기는 것이 있다면 이는 올바른 성직자가 아님을 증명하는 정확한 근거가 된다. 도요타에게 품질은 신앙이다. 도요타에서 품질보다 더 중요한 것은 없기 때문이다.

도요타가 품질을 신앙처럼 생각하는 이유는 품질은 신뢰의 원천이며 품질 제일이 곧 고객 제일이기 때문이다. 품질의 실패는 곧 신뢰의 깨짐을 뜻하며 고객을 제일로 여긴다면 당연히 품질을 제일의 위치에 두게 된다는 것이다.

어떤 회사든 그 회사의 제품을 최종적으로는 구입하고 사용하는 사람은 '고객'이다. 불량품이 10만 개당 1개꼴로 발생한다고 해도 10만 고객 중 불량품 1개를 구입한 고객 입장에선 100%의 불량이다. 품질에 있어서는 100% 불량과 100% 양호만 있을 뿐이다. 따라서 100% 품질을 보증하는 방법을 구축할 필요가 있다. 고객을 사랑한다면 어떻게 해서든 최고의 품질을 만들어내야 한다.

이를 위해 도요타의 작업자들은 '후공정은 고객이다' 라는 철학으로 일한다. 도요타는 우리 회사 제품을 사용하는 사람이나 납품 받는 기업은 물론 자공정의 후공정을 담당하는 동료 역시 고객으로 여긴다. 내가 맡은 공정에서 완성을 해 다음 공정에 보낼 때, 다음 공정에는 작업자가 아니라 고객이 있다. 내가 만든 결점 있는 제품을 보완해줄 사람은 내 뒤에 아무도 없다. 내가 만든 걸 받는 사람은 곧 고객이기 때문이다. 따라서 후공정으로 불량품을 절대로 유출하지 않는다. 또한 이를 위해 TPS의 기본 중 하나인 자동화 사고를 철저히 유지한다. 여기서 비롯되는 핵심 원칙이 바로 제조 과정의 각 공정에서 품질을 완성한다는 '자공정 보증' 이다.

> **고객과 품질에 대한 도요타의 기본 철학**
> ① 후공정은 '고객'이다.
> ② 후공정으로 불량품을 절대로 유출하지 않는다.
> ③ TPS의 기본 '자동화'의 사고를 철저히 한다.
> ④ 제조 공정의 각각의 공정에서 품질을 달성한다(자공정 보증).

사랑하는 사람을 위해 좋은 것을 만들어 제공하는 것은 본능이다. 좋은 제품을 만들기 위해서는 좋은 생각만 하기 위해 철저히 노력하고, 품질 향상을 위해 끊임없이 힘써야 한다. 도요타는 고객을 사랑하기에 품질을 위해 모든 것을 건다.

일등 품질을 만들어내는 용광로

잘 알려진 바와 같이 도요타는 TPS로 유명하다. 이 독특하고 막강한 TPS는 도요타의 일등 품질을 만들어내는 용광로라고 할 수 있다. TPS는 'Just·In·Time'과 '자동화'

라는 두 개의 기둥으로 이뤄져 있다. 이때의 자동화는 일반적으로 사용하는 '自動化'가 아니라 '自働化'다. 전자가 스스로 움직이는 개념이라면 도요타만의 고유어인 후자는 스스로 멈춘다는 개념이다. 즉 스스로 움직이며 제품을 만드는 것은 물론 제조 공정에서 불량이 나면 설비, 라인이 스스로 멈추는 것이 도요타의 자동화다.

먼저 도요타는 JIT를 통해 필요한 것을 필요한 때에 필요한 수만큼 만들어, 제조 공정에서 발생하는 여러 가지 낭비를 내지 않도록 한다. 과잉 생산과 불량품의 발생과 유출이라는 가장 큰 낭비 원인을 JIT를 통해 원천 봉쇄한다. 또한 도요타는 자동화를 통해 제조 공정에서 이상이 있으면 즉시 기계를 세워 공정을 멈춘다. 이를 통해 불량품을 만들지 않는다. 대신 불량이 나오는 원인을 찾아내어 개선한다. 이를 위해서는 공정에서부터 품질을 달성할 필요가 있는데 도요타는 이에 성공하고 있다. 이것이 바로 도요타 품질 관리의 핵심인 '공정에서 품질을 달성한다'는 원리다.

사실 도요타가 품질 확보를 위해 자동화를 시작한 역

사는 거의 100년을 거슬러 올라간다. 도요타는 1925년 1호기를 완성했던 '도요타 G형 자동직기'에서부터 작업 도중 실이 끊기거나 떨어지면 자동적으로 직기가 멈추는 자동 정지 장치를 도입했다. 이때부터 도요타는 불량이 나오면 기계를 멈춘다는 원칙을 준수하고 있다. 100여 년 전부터 지금까지 변함없이 도요타 사람들은 불량품을 만드는 것은 이익이 나오지 않기 때문에 불량품을 만들

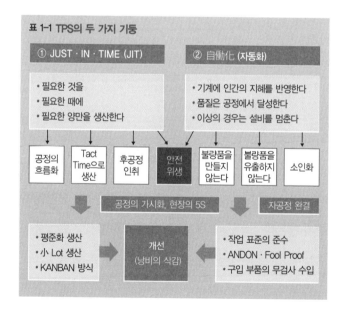

표 1-1 TPS의 두 가지 기둥

① JUST · IN · TIME (JIT)

② 自働化 (자동화)

- 필요한 것을
- 필요한 때에
- 필요한 양만을 생산한다

- 기계에 인간의 지혜를 반영한다
- 품질은 공정에서 달성한다
- 이상의 경우는 설비를 멈춘다

| 공정의 흐름화 | Tact Time으로 생산 | 후공정 인취 | 안전 위생 | 불량품을 만들지 않는다 | 불량품을 유출하지 않는다 | 소인화 |

공정의 가시화, 현장의 5S

자공정 완결

- 평준화 생산
- 小 Lot 생산
- KANBAN 방식

개선
(낭비의 식감)

- 작업 표준의 준수
- ANDON · Fool Proof
- 구입 부품의 무검사 수입

어놓고 일했다고 할 순 없다고 생각한다. 따라서 불량품이 생기면 즉시 기계를 멈추고 불량품을 만들지 않는다. 도요타는 불량이 생기면 기계를 멈춰 문제를 현재화한다. 멈춤을 통해 불량품 발생을 나중에 고쳐도 되는 미래의 문제가 아닌, 지금 당장 해결해야 하는 현재의 문제로 만드는 것이다. 이와 같은 생각은 더 나아가 기계를 멈추는 문제의 해결을 위해 기계가 멈추지 않도록 개선하는 노력을 자연스럽게 하게 만든다. 멈춤으로써 앞으로 나아가는 도요타만의 비결인 셈이다.

품질은 공정에서 달성한다

'품질은 공정에서 달성한다'는 원칙의 달성을 위해 도요타는 세 가지를 강조한다. 첫째, 전(前)공정에서 불량품을 받지 않는다(수입 보증). 둘째, 자신의 공정에서는 불량품을 만들지 않는다(자공정 보증). 셋째, 불량품을 후(後)공정으로 유출하지 않는 것이다(출하 보증). 이 세 가지를 모두 완벽하게 실천할 때 각 공정마다 100% 양품을 만들어내 공정에서 품질을 달성할 수 있다.

품질을 공정에서 달성하기 위해서는 100% 양품의 공정을 구축해야 한다. 즉 제조 공정에서 품질을 보증하고 달성하는 시스템 구축이 필요하다.

제조 공정의 세 가지 보증

그렇다면 도요타에서 고객으로 인식하는 후공정에 100% 양품을 전달하려면 어떻게 해야 할까? 우선 '전공정에서 불량품을 받지 않아야 한다'. 여기엔 재료, 반제품, 부품 등 전공정에서 넘어오는 모든 것들이 포함된다. 이를 위해 도요타는 수입 검사가 아닌 전공정의 품질 확보 지원 활동을 실시하고(무검사 수입), 자공정에서 사용하기 전에 중요 품질 특성이나 불량 발생 항목 등에 관한 품질 확인을 실시하고 있다.

그럼에도 불구하고 불량품이 넘어올 수 있다. 이때 도요타는 무조건 설비와 기계를 멈춘다. 이를 통해 불량품을 만들지 않는 것이다(자공정 보증). 그렇게 되면 넘어온

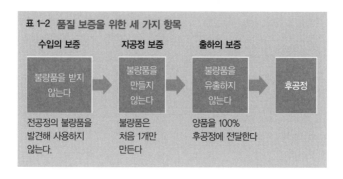

표 1-2 품질 보증을 위한 세 가지 항목

수입의 보증	자공정 보증	출하의 보증	
불량품을 받지 않는다	불량품을 만들지 않는다	불량품을 유출하지 않는다	후공정
전공정의 불량품을 발견해 사용하지 않는다.	불량품은 처음 1개만 만든다	양품을 100% 후공정에 전달한다	

불량품을 딱 한 개만 만들 뿐 더 이상의 불량품은 만들지 않게 된다. 불량품이 나오면 멈춘다는 것은 문제를 가시화해 신속히 대응하고, 관계자가 문제에 집중해 원인을 찾아내고 재발을 방지함을 의미한다. 이처럼 불량품이 발생하면 무조건 멈춰야 나쁜 것을 후공정에 유출하지 않을 수 있다. 나쁜 것을 만드는 것은 작업이 아니다. 불량품을 만들어놓고 일을 했다고 할 수는 없다. 도요타는 품질 보증을 위해 〈표 1-2〉의 세 가지 항목을 확실하게 실시하고 있다.

품질 보증은 제조 공정에서 실시한다

도요타는 품질 보증을 검사 공정에서 실시하지 않는다. 제조 공정에서 품질 보증을 실시한다. 이를 통해 100% 보증을 실현한다. 이처럼 품질 보증을 각 공정에서 확보하도록 하면 최종 공정에서 실시하는 검사 공정은 아예 완전히 없앨 수도 있다. 사실 다 만들어놓고 최종 검사 공정에서 불량품을 발견하면 생기는 손실이 아주 많다. 우선 불량품을 많이 만들어버린다. 애는 썼는데 고객에게 내놓을 수 없으므로 일을 안 하니만 못한 꼴이 된다. 또한 불량 내용과 발생 공정의 관계를 명확하게 파악하기 힘들어진다. 이에 따라 자연스럽게 재발 방지 대책 역시 늦어진다. 사실 최종 공정의 검사에서는 중간 공정의 품질 상황을 정확히 알 수 있는 방법이 없다. 자초지종을 모른 채 결과값만 보고 추정하는 것뿐이기 때문이다.

따라서 각 공정에서 품질을 보증해 불량품을 유출하지 않는 것이 중요하다. 어느 회사나 각 공정마다 책임을 지고 100%의 품질을 달성한다면 최종적으로 실시하는 검사 공정을 폐지할 수 있을 것이다.

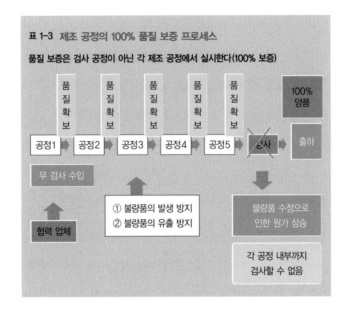

표 1-3 제조 공정의 100% 품질 보증 프로세스

품질 보증은 검사 공정이 아닌 각 제조 공정에서 실시한다(100% 보증)

품질확보 · 공정1 → 공정2 → 공정3 → 공정4 → 공정5 → 검사 → 출하

무 검사 수입

협력 업체

① 불량품의 발생 방지
② 불량품의 유출 방지

100% 양품

불량품 수정으로 인한 원가 상승

각 공정 내부까지 검사할 수 없음

불량품을 만들거나 유출하지 않는 방법

공정에 이상이 발생하거나 불량품이 발생하면 우선 설비를 멈추고 경보를 내야 하고, 조립 라인은 표준 작업을 준수하고 있는 경우일지라도 경보를 내고 자동적으로 라인을 멈춰야 한다. 그래야 불량품을 만들거나 유출하는 일을 막을 수 있다. 〈표 1-4〉는 공정상 이상 발생 또는 불량품 발생 시 도요타의 설비와 조립 라인의 대응 방안

표 1-4 불량 발생 시 도요타의 설비 및 조립 라인 대응 방안

목표		방법	도구, 수단
불량품을 유출하지 않는다	이상을 파악한다	• 이상 시 램프, 소리로 표시 • 자동 검사 장치로 판정 • 품질 체크 공정의 설치	• 자동 검사 장치 • ANDON • 공정 능력의 확보 • Fool Proof
양품만을 생산한다	이상하면 멈춘다	• 설비, 기계가 자동 정지한다 • 이상 시는 사람이 멈추게 한다	• 정위치, 정지 작업 • 품질 체크 표준서 • QA Network

을 정리한 것이다.

불량품을 만들지도 않고 유출하지도 않기 위해서는 제조 부문과 품질 부문이 서로 협력하는 제조 공정의 운영이 필요하다. 각 부문의 역할을 좀 더 구체적으로 살펴보자.

먼저 제조 부문에서는 ①작업표준서를 작성해 정해진 표준 작업을 준수한다. 표준 작업을 반복함으로써 품질을 확보한다. 이를 위해 작업자별로 반드시 작업표준서를 작성해 표준 작업을 준수해야 한다. 작업표준서가 없는 작업은 품질의 보증, 작업 개선이 불가능하기 때문이다. ②작업 및 가공 후에는 스스로 품질 체크를 실시한다. 작업표준서에 품질을 체크하는 내용과 시간을 정하고 작업 도중이나 작업 종료 시에 품질 체크를 실시한다. ③자기 체크로 품질 확인을 제대로 하기 힘든 경우에는 다음 공정 이후 전공정의 품질 체크를 실시한다. 후공정과 연동되는 작업이라면 작업이 완성된 시점에, 검사 장치가 필요한 경우에는 조립이 완료되는 시점에 품질 체크를 해야 한다. ④이런 작업들의 수행이 힘든 경우에는 준수하기 어려운 작업을 개선하거나 공정 능력이 부족한 설비의 개조 등을 추진한다. 동시에 TPS의 기본인 현장의 5S와 현장의 가시화(ANDON) 등을 정비해서 누구라도 이상 여부를 알 수 있도록 하고, 이상 발생 시의 신속한 대응과 재발 방지를 실시한다.

품질 부문에서 해야 할 일은 다음 네 가지로 정리할 수 있다. ①제품 감사. 공장에서 출하하는 상태의 제품을 감사한다. 출하하는 제품의 품질에 관한 책임은 품질 부문에 있음을 유념해 제품을 감사함은 물론 고객 클레임 정보를 수집해 품질을 개선한다. ②제조 공정 감사. 표준 작업의 준수 여부, 주요 공정의 작업 내용, 중간 공정의 부품이나 제품의 품질을 확인한다. 도요타는 이때 정밀 측정실을 가동시켜 제조 부문에서 확인할 수 없는 품질 특성까지 측정하고 있다. ③불량품 재발 방지. 불량이 발생한 경우는 두 번 다시 발생하지 않는 대책을 철저히 한다. 또한 대책 내용의 현장 확인을 확실히 실시한다. ④ 더불어 불량품의 생산과 유출 방지를 위해 품질 부문이 해야 할 중요한 임무는 제조 부문에 대한 지원이다. 물건을 만드는 것은 결국 제조 부문의 사람과 설비 기계다. 품질 부문에서는 물건을 만들지 않는다. 따라서 품질을 확보하는 것은 제조 부문이다. 단, 품질에 관한 모든 책임은 품질 부문에 있기 때문에 품질 확보를 위해 품질 부문은 제조 부문에 대한 지원을 아낌없이 실천해야 한다. 이를 위해서는 검사 규격 지시, 한도견본 작성, 품질 확인 방법이나 제조부가 확인이 어려운 품질 특성의 측정, 협력 업체의 지도 등 다양한 노력이 필요하다.

품질 개선의 목표치를 명확하게 세우자

사실 불량의 문제는 모든 제조 업체들이 갖고 있는 공통된 골칫덩이다. 도요타 역시 여느 회사와 똑같은 불량이라는 두통을 앓고 있다. 단지 더 효과적인 방법으로 불량을 줄이는 데 성공하고 있을 뿐이다. 도요타는 불량의 원인을 크게 다섯 가지로 구분해 관리하고 있다. 첫째, 공정 내 불량은 작업자 본인 또는 동일 공정 내의 다른 작업자가 불량을 발견해 후공정으로의 유출을 저지한 불량이다. 둘째, 후공정 불량은 자공정에서 불량이 유출되어 후공정에서 발생한 불량이다. 셋째, 납입 불량은 고객에게서 발생한 불량으로 고객의 수입 검사로 발견된 불량도 포함된다. 넷째, 조립 라인 직행률은 양품으로 라인 오프(line off)하는 비율을 나타낸다. 다섯째, 시장 클레임 불량은 상품으로서 고객에게 판매된 제품에서 발생한 불량이다. 시장 클레임 불량은 상품의 외관, 기능, 성능, 내구성 등에 관한 고객의 불만이자 회사 전체의 품질에 대한 평가다.

사실 이와 같은 품질의 문제는 결코 제조 부서만의 문제가 아니다. 기술 부족이 원인이 되어 품질 문제가 발생할 수도 있고 설계상 하자가 불량의 주범일 수도 있다. 때론 협력 업체의 부품이 불량의 결정적인 원인이 되기도 한다. 따라서 제조 부서의 울타리를 넘어 전사적인 관점에서 불량이라는 고질병을 해결해야 한다.

　이를 위해 도요타는 매년 품질 개선 목표를 연 단위로 정해 품질을 개선하기 위해 노력하고 있다. 보통 도요타는 매년 품질 개선의 목표를 두 가지로 설정한다. 먼저 저감 목표로 전년 실적의 50% 감소를 목표로 정한다. 전년도에 비해 불량률을 반 이상 줄이는 것이다. 나아가 도요타는 이 목표를 유지 목표로 전환해 관리한다. 품질 불량의 저감이 계속 진행되면 앞으로 유지하기 위한 목표를 정하도록 해 궁극적으로 품질 불량의 최종 목표는 0건이지만 각 부서마다 유지 목표를 정해 품질 관리를 실시하도록 한다. 이에 따라 도요타의 각 부서들은 최종 유지 품질 목표를 향해 전년도의 50% 감소를 목표로 품질 향상 개선 활동을 실시한다.

여기에 더해 제조 부서는 크게 네 가지 목표를 정해 달성을 위해 노력한다. 일반적으로 ①공정 내 불량 100ppm 이하, ②후공정 불량 10ppm 이하, ③납입 불량 10ppm 이하, ④조립 라인 직행률 99.7% 이상을 목표로 하며 시장 클레임에 관련된 목표로 중요 품질 불량 0건을 추가하기도 한다. 이와 같은 제조 공정의 수치 목표는 품질에 관한 명확한 기준으로 작용해 불량을 줄여 도요타 품질의 신화를 만드는 밑거름이 되고 있다.

도요타 품질 관리의 변천

주로 방직 사업을 하던 도요타는 1935년 G형 트럭을 출시하면서 본격적으로 자동차 산업에 뛰어들었다. 2년 후에는 도요타자동차㈜가 공식 출범하는데 이때부터 도요타는 품질 관리에 관한 창업 이념을 분명히 했다. 즉 ① 소비자의 요망을 직접 파악하고 이를 제품에 반영한다. ②제품의 품질과 업무의 운영을 감사하고 이를 개선한다는 두 가지 문구를 천명했다. 종합해보면 '업무의 시스템이나 규칙을 항상 감시하고 시대에 맞는 것으로 개선한다'는 것인데 이는 품질 관리에 관해 문외한이었던 당시 기업들과 비교할 수 없는 진보적인 내용이었다. 이후 도요타 키이치로 당시 사장은 직할 조직으로 감사개량부를 설치해 양호와 불량을 구분하는 수준이 아니라 불량의 원인을 찾아 공정을 개선하고 이를 통해 재발을 방지하기 시작했는데 이것이 바로 공정에서 품질을 달성하는 도요타 자공정 완결의 시작이다. 이후부터 지금까지 도요타는 지속적으로 최고의 품질을 통해 최고의 기업을 만들어가기 위한 노력을 경주하고 있다.

이 중에서 특히 TQM(Toyota Quality Management)은 도요타 품질 관리의 중요한 변곡점이다. TQM은 '사람과 조직의 활력 향상'과 '일의 질 향상'을 목적으로 한다. 이를 위해 구성원 모두 '고객에게 어떨까?'를 가장 먼저 생각하며 현장의 관리·감독·작업자까지 전원 참가하는 현장 개선을 지속적으로 실행한다.

TQM은 세 개의 기둥으로 구성된다. 첫째, 고객 제일.

표 1-5 도요타 품질관리 변천사

연도	주요 내용
1937년	도요타자동차공업 주식회사 설립 감사개량부 설치
1939년	검사과 설치(이후 검사부로 확대 및 명칭 변경) • 좋은 것과 나쁜 것만을 검사하는 것만이 아니라 불량 원인을 파악해 재발 방지로서의 공정 개선 실시 • '공정에서 품질을 달성한다'는 자공정 완결 공정의 시작
1949년	SQC(Statistical Quality Control) 도입 품질 관리 기법으로서 '통계적 품질 관리 기법' 전개
1951년	'창의연구 제안 제도' 개시
1959년	검사부를 품질보증부로 개칭 • 품질 관리 총괄은 본사 품질보증부, 공장 관리는 공장 측이 담당
1960년	'불량 박멸 운동'의 전개 품질 불량을 매년 전년도 평균의 50% 저감으로 한다는 목표 설정 개시
1961년	TQC(Total = Toyota Quality Control) 도입 '고품질 염가 상품의 개발 생산' 및 '경영 관리 쇄신'을 목적으로 TQC(전사적 품질 관리) 도입
1962년	QC(소집단) 서클 활동 발족
1965년	데밍상 실시상 수상(일본과학기술연맹) 미국의 품질 관리 전문가 데밍(W. Deming) 박사에 의해 제정된 데밍상 수상 데밍 박사를 통해 통계적 품질 관리 체계적 학습
1966년	올 도요타 품질 관리대회 개최(이후 매년 실시)
1970년	제1회 일본 품질 관리상 수상
1990년	CS(Customer Satisfaction) 품질 TQ 향상 활동 추진 판매 → 설계 → 생산준비 → 품질 관리 → 제조 부서가 일체가 되어, 선행 개선 실시. 당시 세계 최고급으로 꼽히던 메르세데스-벤츠 근거리 추격
1995년	TQM 도입

연도	주요 내용
1995년	• '사람과 조직의 활성화를 도모하고, 경영 환경의 변화에 유연하게 대응할 수 있는 기업 체질을 만드는 활동' • TQM의 3가지 기둥: ① 고객 중시, ② 끊임없는 개선, ③ 전원 참가
2001년	도요타 웨이 공표 2가지 기둥 ① 지혜와 개선, ② 인간성 존중
2004년	New QC 서클 가이드 라인 제정 • G–QC 서클의 활력으로서, ① 원점(Genten)을 잊지 말라 ② 현지 현물(Genchi Genbutsu) ③ 글로벌화(Global) QC 서클 활동 심볼마크
2007년	자공정 완결에 의한 업무 추진 개시

항상 고객의 입장에서 사물을 생각하고 실행해 고객에게 좋은 상품을 만드는 것이다. 둘째, 끊임없는 개선. 개선이 없는 곳에는 진보가 없다, 개선을 끊임없이 쌓는 것은 항상 도전하는 것이라는 생각을 바탕으로 활력이 넘치는 현장을 만들어가는 것이다. 셋째, 전원 참가. 생산, 품질, 원가, 안전, 교육, 인사 등 기업의 여러 가지 목표를 달성하기 위해 일의 목적과 정보를 최고경영자부터 현장 제1선의 멤버에 이르기까지 전원이 공유할 수 있도록 한다. 이를 바탕으로 구성원 개인의 개성과 창의력이 발휘될

수 있도록 각자의 능력과 일의 질 향상을 모색한다. 이와 같은 내용을 바탕으로 도요타의 제조 부문은 품질을 확보하며 고객으로부터 신뢰받는 제품을 경제적으로 제조하는 한편 그 원동력이 되는 활기찬 현장을 지속적으로 만들어간다. TQM은 도요타 최고 품질의 철학적인 근거이자 실제적인 도구다. TQM을 통해 도요타 사람들은 사람과 조직의 활력을 높이는 활동을 실시하고 기업 체질을 강화하고 있다.

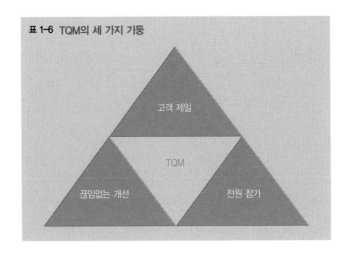

표 1-6 TQM의 세 가지 기둥

2장

품질보증부의 역할을
명확하게 하자

도요타 품질보증부는 품질에 관한 최종적인 책임을 지는 부서다. 품질보증부의 핵심 역할은 품질에 관한 회사의 방향과 정책을 정하는 것이다. 또한 품질보증부는 전사적인 품질 관련 업무와 고객 대응을 담당한다. 회사의 규모가 작을 때는 품질보증부에서 A부터 Z까지 품질에 관련된 모든 업무를 담당했다. 그러나 규모가 커지고 공장이 여러 개가 되면서부터는 본사 소속의 품질보증부 이외에 각 공장마다 품질관리부를 설치했다. 이에 따라 도요타에서는 현재 제조 부문의 품질에 관한 업무는 품질관리부가 직접 실시하며 품질보증부는 품질에 관한 목표와 원칙을 세우고 전략을 수립해 각 제조 부문이 공정에서 품질을 달성할 수 있도록 지원하는 일에 역량을 집중하고 있다.

도요타 품질보증부와 품질관리부의 조직 구성과 주요 업무는 〈표 2-1〉과 같다.

표 2-1 품질 보증부와 품질관리부의 조직 구성 및 주요 업무

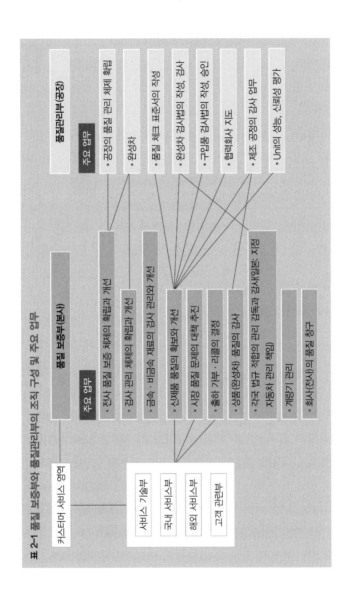

품질관리부(공장)

주요 업무

- 공정의 품질 관리 체제의 확립
- 완성차
- 품질 체크 표준서의 작성
- 완성차 검사별의 작성, 검사
- 구입품 검사별의 작성, 승인
- 협력회사 지도
- 제조 공정의 감사 업무
- U/nit의 성능, 신뢰성 평가

품질 보증부(본사)

주요 업무

- 전사 품질 보증 체제의 확립과 개선
- 검사 관리 체제의 확립과 개선
- 금속 · 비금속 재료의 검사 관리의 개선
- 신제품 품질의 확보와 개선
- 시장 품질 문제의 대책 추진
- 출하 가부 · 리콜의 결정
- 상품(완성차) 품질의 감사
- 각국 법규 적합의 관리 감독과 감사(일본 지정 자동차 관리 책임)
- 계량기 관리
- 회사(전사)의 품질 청구

커스터머 서비스 영역

- 서비스 기술부
- 국내 서비스부
- 해외 서비스부
- 고객 관련부

요컨대 도요타 품질보증부는 품질의 헤드쿼터다. 품질에 관한 모든 아이디어와 품질을 위한 모든 전략들은 품질보증부에서 나온다. 또한 품질보증부는 각 공장의 품질관리부를 도와 품질을 달성하며 품질에 관한 최종적인 책임을 진다. 2장에서는 이 중에서 품질보증부의 역할을 차근차근 살펴보는 방법을 통해 도요타가 품질을 위해 어떻게 목표와 전략을 수립해 실천해가는지 파헤쳐보자.

품질의 기본부터 구축한다

앞서 이야기한 바와 같이 품질 관리의 주적인 불량의 원인은 매우 다양하다. 마치 피부에 두드러기가 나고 호흡 곤란을 겪는 어린이의 알레르기 증상 원인이 수만 가지인 것처럼 불량의 원인 역시 복잡다단하다. 이와 같은 사실은 품질 관리의 성패가 원인의 철저한 규명, 나아가 원인을 제공하는 지점이 어디인지 명확히 알아내는 일에서부터 가늠됨을 의미한다.

도요타는 이를 위해 품질에 관한 각 부서의 임무와 역할을 분명하게 규정하고 있다. 즉 도요타는 품질 보증의 중심인 검사 작업의 관리와 운영 업무 분담을 확실히 규정해 각 부서마다 적절한 검사 작업을 실시하도록 하고 있다. 검사 관리 체제를 뚜렷하고 튼튼하게 확립하는 것이다.

먼저 품질의 헤드쿼터인 품질보증부는 공장의 품질관리부와 연계해 검사 관리 및 검사 작업 부서를 결정한다. 어느 부서가 검사를 관리해야 하고 어느 부서가 실제로 검사 작업을 해야 하는지 교통정리를 한다. 이를 통해 각 부서가 품질에 관한 각각의 고유 업무를 효과적으로 실행할 수 있도록 돕는다.

검사 관리 부서는 제조 공정에서 일어나는 품질에 관한 업무를 총괄한다. 보통 각 공장의 품질관리부가 검사 관리 부서가 되는데 여기서는 검사 계획을 수립하고, 검사 방법을 만들어 실행한다.

검사 작업 부서는 검사 작업을 배분받아 실제로 검사라는 작업을 실행하는 부서다. 도요타에서는 일반적으로 각 공장의 품질관리부, 또는 각 제조 부문이 담당해 검사 작업을 실시한다. 좀 더 구체적으로 살펴보자면 검사 작업 부서의 업무 중 완성차 검사는 공장 품질관리부 검사과가 담당하고, 유니트 조립품(Unit Assembly)과 각 부품의 검사 작업은 제조 부서가 직접 실시한다.

좋은 재료가 좋은 품질을 만든다

'Better ingredient, better pizza.' 피자 마니아들에게 호평을 받는 파파존스 피자의 슬로건이다. 좋은 재료가 좋은 피자를 만들 듯, 자동차 역시 좋은 재료가 좋은 품질을 만든다. 특히 수많은 부품들의 복잡한 조합으로 만들어지는 자동차에 있어 부품과 같은 재료들은 품질을 결정짓는 가장 중요한 요소다. 그런데 문제는 이 재료들의 품질 관리가 쉽지 않다는 점이다. 또한 원가와도 직결되는 문제이기 때문에 재료 검사 관리는 그리 간단한 문제가 아니다.

도요타는 전사적으로 같은 재료를 사용한다. 공장의 위치가 다르고 서로 다른 순서의 공정이라고 해도 도요타에서 사용되는 모든 종류의 재료는 원칙적으로 동일하다. 이와 같이 재료를 균질적으로 관리하기 위해서는 전문 지식이 필요한데 도요타는 품질보증부에서 재료에 관한 관리를 총괄하고 있다. 마치 기미상궁이 왕에게 올라가는 수라상의 모든 음식을 시험 삼아 맛보듯 품질보증부는 도요타의 공정으로 들어가는 모든 재료들을 전사적으로 관리하고 있다.

품질보증부는 먼저 재료를 검사 관리한다. 자재에 관한 전문 지식을 갖춘 인력들이 재료들마다 적합한 평가 설비를 활용해 각각의 재료에 관해 검사 관리를 실시한다. 특히 철판, 강재, 비금속재, 수지, 도료 등에 관해서는 더욱 철저한 재료 검사를 실시하고 있다. 또한 품질보증부는 재료에 관한 특수 공정의 품질을 확보하기 위해 철저히 노력한다. 재료 자체가 훌륭하다고 해도 특수 공정에서 품질이 나빠질 수 있기 때문에 변질의 가능성이 높은 공정에 대해서는 다시 한 번 관리를 하고 있다. 이와 같은 특수 공정 품질 관리는 주로 열처리, 용접, 수지 성형, 고무 가황 접착, 전자 부품 납 땜 이음 등 특별한 전문 지식과 경험이 필요한 공정에 대해서 이뤄지고 있다.

이 과정에서 품질 불량이 발견되면 재료 분석이나 파단 면 해석 등을 실행해 불량의 정확한 원인을 규명한다. 사실 재료에 기인하는 품질 문제는 완성 단계에서는 물론 각 공정에서도 원인을 찾는 것도 쉽지 않다. 도요타는 재료의 변질 가능성이 있는 특수 공정마다 재료 관리를 실행해 프로그램의 버그처럼 있는 것은 확실한데 어디 있는지 알 수 없는 품질 문제의 원인을 조기에 찾아내 불량을 예방하고 있다.

신제품의 품질을 확보한다

도요타에서는 신제품의 품질 확보를 'SE(Simultaneous Engineering) 활동'이라고 부른다. 품질보증부는 기술, 생산 기술, 제조, 품질 관리, 조달 담당 부서와 함께 SE 활동을 협업하고 있다.

SE 활동은 원래 설계 도면의 완성도 향상을 목적으로 생산 기술 부서와 제조 부서가 중심이 되어 시작되었다. 이들 부서는 SE를 통해 신제품의 품질을 높임은 물론 제조를 쉽게 하고 원가를 줄여갔다. 그러나 현재 도요타의 SE 활동은 개념이 더욱 확장되어 품질 향상을 위한 활동 전체를 지칭하게 되었다. 이에 따라 고객과의 마지막 접점에서 자동차를 파는 판매 부문까지 SE 활동의 주체로 포함되었다.

품질 향상을 위해 전사적으로 이뤄지는 도요타의 SE 활동은 양산이라는 시점을 기준으로 양산을 개시하기 전의 개선 활동과 양산 개시 이후의 개선 활동으로 나눌 수 있다. 도요타는 종전에는 양산 개시 후의 개선 활동에 초점을 맞췄지만 지금은 양산 개시 전의 개선 활동에 힘을 모으고 있다. 이것이 바로 선행 개선(Advanced Kaizen)이다. 품질을 위해 기다리지 않고 과감하게 선제공격을 결행하는 것이다.

어느 회사, 어느 제품이나 양산을 개시할 때는 부품 형상이나 사양 기능이 모두 도면에 떡 하니 정해져 있다. 또한 도면에 따라 생산 설비와 제조 공정은 완성되며 투자 역시 도면을 기준으로 이뤄진다고 할 수 있다. 따라서 양산이 개시된 후에 문제가 발생해 개선을 해야 할 경우가 생기면 출혈이 무척 클 수밖에 없다. 양산을 시작한 다음에 생기는 품질 문제를 해결하려면 설계 변경이나 설비 개조, 나아가 공정 변경이 불가피하다. 이로 인해 새로운 자금이 투입되어야 하므로 막대한 자금을 다시 투자해야 된다. 게다가 이렇게 노력을 한다고 해도 다시 양산을 개시하기 위한 시간도 오래 걸린다.

따라서 신제품을 양산하기 전에 각 관계 부서가 일체가 되어 양산 개시 시에 발생할 수 있는 문제들을 사전에 철저히 예측해 대책을 강구해야 한다. 즉 양산에 앞선 선행 개선을 통해 양산 개시 후 개선할 때 생기는 치명적인 손실을 막아내는 것이다. 〈표 2-2〉는 도요타의 전사적인 SE 활동을 도식화한 것으로, 이 중에서 품질보증부의 활동은 굵은 테로 표기했다.

표 2-2 신제품의 품질 보증 활동

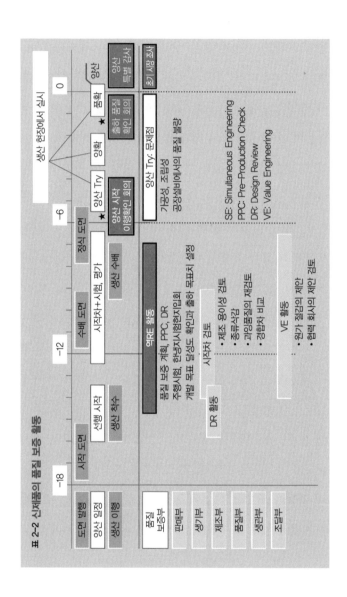

생산 현장에서 실시

품질 보증부	도면 발행	선행 시작	수배 도면	정식 도면	양산 Try	양책	품확	양산
	양산 일정	생산 착수		생산 수배				양산 특별 감사
	생산 이행							

| | −18 | | −12 | | −6 | | 0 | |

시작 도면　　**수배 도면**　　**정식 도면**

시작차+시험, 평가

**양산 시작
이행확인 회의** ★

**좋은 품질
확인 회의** ★

조기 시장 조사

DR 활동

품질 보증 계획, PPC, DR
주행시험, 한냉지/사막현지입회
개발 목표 달성도 확인과 좋은 목표치 설정

시작차 검토

- 제조 용이성 검토
- 중량사감
- 과잉품질의 재검토
- 경합차 비교

VE 활동

- 원가 절감의 제안
- 협력 회사의 제안 검토

양산 Try: 문제점

가공성, 조립성
공정설비에서의 품질 불량

양산 Try: 문제점

SE: Simultaneous Engineering
PPC: Pre-Production Check
DR: Design Review
VE: Value Engineering

| 판매부 | 생기부 | 제조부 | 품질부 | 생관부 | 조달부 |

〈표 2-2〉를 참조해 품질을 위한 선제공격, 도요타의 선행 개선을 자세히 살펴보자. 먼저 선행 개선을 위해 도요타는 RE(Resident Engineer) 활동과 역RE 활동을 강력하게 추진한다. RE 활동이란 신제품 양산 시 발생하는 설계의 품질 문제에 대한 신속한 대응을 위해 설계 엔지니어를 공장에 주재시키는 것을 말한다. 즉 실제로 설계를 한 인력이 공장에 상근하면서 도면대로 양산이 이뤄질 것인지에 대해 면밀히 확인한다. 역RE 활동이란 RE 활동의 반대로 시작 단계에 품질보증부와 품질관리부의 엔지니어를 설계 부문에 파견하는 제도다. 즉 공장의 품질관리부 소속 엔지니어를 설계를 담당하는 기술부로 파견해 품질과 성능이 도면에 잘 표현되는지 확인한다. 도요타는 두 가지 방법을 통해 설계에서 양산으로 넘어갈 때 필연적으로 발생하는 품질 문제를 사전에 찾아낸다.

재료의 변질과 같이 설계한 도면이 실질적인 모습으로 구현될 때 품질의 문제가 발생할 가능성이 큰데, 도요타는 이를 예방하는 방법으로 설계와 품질 담당 인력을 교차 근무시키고 있다. 좀 더 구체적으로 이와 같은 활동들을 통해 도요타는 품질 보증 계획을 수립하고, PPC(Pre-Production Check) 항목에 따라 과거 시장에서 발생한 품질 문제와 판매점이 지적한 서비스적인 품질 문제 등의 개선 반영 상황을 확인한다. 나아가 개발 목표치 달성도를 확인하는 동시에 출하 단계에서의 적정한 성능치를 결정한다. 성능, 기능, 완성도 등에 관한 출하 목표치를 설정해 관계 부서에 지시하는 일도 이 단계에서 이뤄진다.

도요타의 선행 개선을 위한 노력은 신제품 양산의 게이트(gate) 관리로 이어진다. 마치 병원에 들어가기 전에 소독실을 거치듯 각 자동차가 만들어지는 각 단계별로 불량이라는 세균의 감염을 막기 위해 각 관문들을 철저히 관리하는 것이다.

첫 번째 게이트는 신차 진행 회의다. 생산관리부와 품질보증부가 밀접히 연계하면서 진행하는 이 회의는 신규 자동차의 시장 판매가 결정된 시점부터 시작된다. 여기서 생산관리부는 생산 준비 진척 상황을, 품질보증부는 품질 목표의 달성 상황을 정기적으로 확인하며 신차가 양산될 때까지 지속적으로 개최된다.

두 번째 게이트는 양산 시작 이행 회의로 시작에서 양산 시작(공장에서의 생산 확인)으로 이행할 때 이뤄진다. 즉 공장에서의 생산 확인 단계에서 이뤄지는 회의로 설계 부서와 품질보증부는 물론 품질관리부, 생산기술부, 제조 부서, 생산관리부, 구매 부서 등 관계 부서가 모두 참여한다. 이 회의에서는 설계상 남은 문제가 없는지 확인하고, 공장에서 실시하는 양산 시작의 가능 여부를 결정한다. 양산 시작이 불가능한 경우에는 설계상 문제점을 해결한 대책을 명확히 찾아낸다.

세 번째 게이트는 출하 품질 확인 회의로 양산 시작 후에 양산으로 이행할 때 거치는 '품질 확인 회의'다. 여기서 품질보증부는 양산 제품인 완성차의 성능, 기능, 완성도 등을 확인한 후 품질보증부장의 결정에 따라 출하 가부를 판단한다. 이때는 사실 어느 회사나 설계 부서와 제조 부서의 입장 차이가 발생한다. 아무래도 설계 부서는 양산 시작을 애타게 원하지만 제조 부서는 만일의 사태에 대비해 신중할 수밖에 없기 때문이다. 그러나 이때 역시 도요타는 설계 부서나 제조 부서가 아니라 오직 고객의 입장에서 판단한다.

마지막 네 번째 게이트로 도요타는 양산 개시 시 특별 체제를 가동한다. 양산 개시와 동시에 특별 품질 대응 전문 팀을 만들어 품질이 안정될 때까지(초기 유동 기간=약 3개월) 활동을 실시한다. 이 특별 조직은 보통 3개월 정도의 초기 유동 기간 활동하며 제조 공정에서 발생하는 품질 불량, 구입품의 품질 불량, 완성차 감사에서 발생한 품질 불량에 대한 대책을 마련한다. 또한 초기 시장 조사를 통해 시장에서 발생하는 품질 불량에 대해서도 대책을 강구한다. 쉽게 말해 클레임 초기 대응을 집중적으로 하는 것이다. 초기 유동 대응 기간은 짧을수록 좋지만 보통은 신 모델 양산 개시 후 3개월 정도 실시한다. 이 정도 기간이 지나야 안심할 수 있기 때문이다.

선행 개선을 통해 품질을 완벽히 확인한 후 신차 양산에 들어가도, 양산 개시 후 3개월 동안 특별 체제를 가동시켜 다시 한 번 확인한 다음에도 도요타는 품질에 관한 경계의 끈을 놓지 않는다. 도요타는 양산이 이뤄지는 동안에도 최고의 품질을 확보하기 위해 노력하는데 신제품

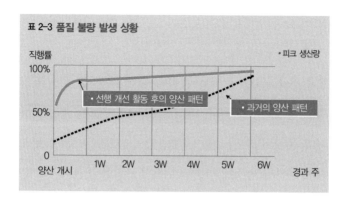

표 2-3 품질 불량 발생 상황

양산 시의 품질을 보증함은 물론 양산의 불량 발생과 이에 따른 재수정을 줄여간다. 나아가 수정 때문에 발생하는 2차 품질 불량을 방지하는 한편 불량 수정 공수 자체를 줄여간다. 양산 시의 품질 확보를 통해 태평천하에도 전시를 대비하는 자세를 견지하는 것이다.

〈표 2-3〉은 선행 개선 활동 전과 선행 개선 활동 후의 양산 패턴을 비교 분석한 내용이다. 선행 개선 활동을 통해 직행률을 조기에 향상시킴은 물론 조기에 피크 생산량을 높게 달성할 수 있음을 알 수 있다.

품질도 현장에 답이 있다

도요타의 품질보증부는 품질에 관한 모든 문제를 책임지고 해결하는 부서다. 따라서 고객의 다양한 품질 불량이나 품질의 요망 사항에 대해 귀를 기울이며 품질 문제가 발생하는 현장에서 품질 문제의 해답을 찾는다.

시장의 품질 정보 관리와 대책 추진

품질보증부는 판매점과 고객상담센터 등 고객 관련 부서를 통해 얻는 모든 품질 정보를 입수해 일괄 관리한다. 이 정보들을 하나도 빠짐없이 층별 관리함과 동시에 관계 부처와 협력해 개선 대책을 수립한다. 품질보증부가 품질 정보를 관리하고 대책을 실행하는 모습을 구체적으로 살펴보자.

중요한 품질 문제에 대해서는 품질보증부가 직접 문제를 조사한 후 담당 부서와 협업해 문제를 해결한다. 일반적인 불량의 경우에는 각 공장의 품질관리부와 협력해 문제를 해결하는데 이때는 협력 회사를 지원해 제조 공

표 2-4 시장 품질 정보와 해결의 흐름

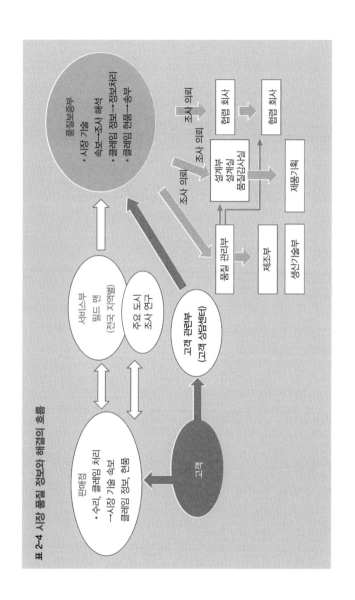

정의 품질을 향상하는 방안까지 포함된다.

클레임이 일어난 현품에 대한 회수도 이뤄진다. 시장에서 발생한 클레임 현품은 필요한 것만 회수해 품질 문제를 확인한 다음 각 제조 공장이나 협력 회사에 이를 전달한다. 그러면 각 제조 부서와 협력 회사는 회수한 현품을 확인해 문제를 해결한다. 특히 경향적인 NTF(Non Trouble Found) 부품에 대해서도 품질보증부는 보유하고 있는 지식과 축적된 경험을 활용해 끝까지 해결하기 위해 노력한다.

클레임 정보의 처리

현장에서 전달되는 클레임에 관한 모든 정보는 품질보증부 전용 컴퓨터 시스템에서 체계적으로 관리된다. 고객 정보, 판매점 정보, 처리 비용 등이 클레임 정보 해석에 활용되는 가장 중요한 정보다. 협력 회사에는 불량 정보를 송부하고 협력 회사의 책임으로 판명되는 불량에 대해서는 비용을 청구하고 있다.

도요타는 이와 같은 클레임 정보 처리를 위해 시장 클

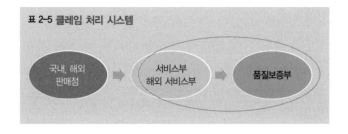

표 2-5 클레임 처리 시스템

국내, 해외 판매점 → 서비스부 해외 서비스부 → 품질보증부

레임 처리 시스템(Warranty Analysis & Information System)이라고 부르는 독자적인 시스템을 활용하고 있다. 이 시스템을 통해 판매점으로부터의 클레임 처리는 물론 보증 기간 내외의 품질 정보, 현품 처리, 금전 처리, 클레임 데이터 해석, 시장·차종·차량의 제조 연월일(경과 개월), 주행 거리를 관리한다. 또한 품질관리부·기술부·협력 회사에 대한 정보 제공과 보상도 이 시스템에서 효율적으로 이뤄진다.

품질 문제에 따른 출하 정지와 리콜 대응

품질보증부는 중요한 품질 문제 발생을 대비해 미리 사내 규정을 정립하는 역할을 담당한다. 특히 출하 정지나 시장 리콜에 대해서는 품질보증부가 직접 의사 결정하고 실행한다.

먼저 출하 정지. 자동차의 가장 중요한 세 가지 기능, 즉 '달린다' '멈춘다' '회전한다'에 관한 기능이나 성능의 문제가 발생하거나 제조 공정에서 인명에 관한 불량이 발생해 시장으로 유출될 우려가 조금이라도 있는 경우, 품질보증부는 부장 권한으로 상품의 출하를 지체 없이 정지시킨다. 또한 사내 재고품과 미판매 상품에 대해서 점검을 실시한 후 필요 시 수정을 실시한다. 이와 같은 특수한 상황을 대비해 제조 공정의 '검사품 전시 방식' 선입선출의 관리가 필요하며 이에 따라 점검 범위를 정한다.

다음으로 시장 리콜. 중요한 품질 문제가 있는 불량품이 시장에 유출될 우려가 있는 경우나 시장에서의 사용 과정에서 중요한 품질 문제가 발생한 경우, 품질보증부는 대상 상품의 리콜 범위, 점검 방법, 수정 방법 등을 결정한다. 이어서 정부(일본의 경우 국토교통성)에 신고하고, 국토교통성의 허가를 받아 리콜을 별도 실시한다. 경미한 불량에 대해서는 판매 시점에서 대책을 별도로 실시하는 경우도 있다.

품질에 왕도는 없다

잘 만들었다고만 해서 품질이 최고가 되는 것은 아니다. 잘 팔았다고 해서도 마찬가지다. 최고 품질을 위한 품질보증부의 노력은 상품인 완성차가 판매된 이후에도 계속된다. 학문을 위한 쉬운 길이 없듯 품질을 위한 노력에도 왕도는 없기 때문이다.

상품(완성차)의 품질 감사

식탁에 올리는 순간 정성껏 만들고 예쁘게 담은 음식을 어그러뜨린 적이 있는가? 자동차 역시 잘 만든 후 고객에게 전달되는 순간까지 방심하면 안 된다. 최고 품질의 자동차는 고객에게 전달되는 순간에도 최고 품질을 유지하고 있어야 하기 때문이다. 고객이 처음으로 새 자동차와 만나는 순간의 품질을 확인하기 위해 품질보증부는 상품의 출하 품질 레벨의 감사를 실시한다. 이를 위해 고객이 느낄 수 있는 의심이나 불량을 예측해 평가 항목과 기준을 정한 다음 전 공장의 상품을 매월 감사한다. 또한 감

사 결과의 보고는 품질 감사 월보를 통해 전 공장에 배포
한다. 이 보고 내용은 각 상품의 품질 기준이 되며 각 공
장은 이를 잣대로 품질 레벨을 파악한다. 이때 활용되는
것이 출하 품질 감사 기준서다. 품질보증부는 각 공장의
출하 대기 상품 중 평가 대상 상품을 샘플링해 공장 내 또
는 물류 과정에서 감사를 실시한다. 이 감사의 기준은 도
면이나 검사법이 아니라 고객의 눈높이를 판정 기준으로
한다. 이에 따라 불량을 정도와 내용에 따라 구분한다.

××와 ×는 불량의 정도를 나타내며 ■와 □는 불량의
내용으로 나뉜다. 이에 따라 불량의 분류 표시는 4개 종
류가 된다.

표 2-6 정도와 내용에 따른 불량의 구분

××불량	• 누가 봐도 품질 불량이 되는 불평이나 상품의 가치에 영향을 주는 불량
×불량	• ××불량에 해당하지 않는 품질 불량, 고객의 불평이 될 가능성이 있는 불량
■불량	• 상품의 기본 성능, 기능에 관련된 불량 • 안전성에 관련된 불량 • 법규에 관련된 불량
□불량	• 외관·관능 불량 • 상품의 이미지를 손상시킬 우려가 있는 불량

- 기능 관계의 불량: ■××, ■×

- 외관·관능에 관한 불량: □××, □×

출하 품질 감사 기준서는 각 항목에 대해 독자적인 판정 기준에 따라 작성된다. 기능 관계의 불량과 미관·관능에 관한 불량이 서로 연계되지는 않는다는 의미다. 또한 이 감사의 판정 기준을 출하 가부를 직접 판정하는 검사 규격으로 활용하지는 않는다.

[참고]

상품(자동차) 불량에 대한 판정의 기본적인 사고방식

기능에 관련한 불량의 판정

■××불량
- 자동차의 기본 성능에 관련된 불량
  - '달린다' '회전한다' '멈춘다' 등의 차량의 기본 성능의 기능 불량
  - '달린다' '회전한다' '멈춘다' 등에 영향을 미칠 것이 예견되는 기능 불량
- 안전성에 관련한 불량
  - '화재·열해' '부상·화상' '도난'의 우려가 있는 불량
- 법규에 관련된 불량
  - 법규 불량에 관련된 불량

■×불량
  - 상기 ■××불량에 해당하지 않는 기능에 관한 불량

■××불량

  –고객의 대부분이 불만을 호소할 가능성이 있는 불량
   (고객의 10명 중 8~9명 이상이 불만을 호소할 가능성이 있는 불량)
  –현저하게 자동차의 이미지를 손상시킬 우려가 있는 불량

■×불량

  –고객이 불만을 호소할 가능성이 있는 불량
   (고객의 10명 중 1~2명 이상이 불만을 호소할 가능성이 있는 불량)
  –자동차의 이미지를 손상시킬 우려가 있는 불량

출하 품질 감사 기준서 사례

• 전장품의 작동				
항목	■××	■×	□××	□×
파워 윈도우 관계 (개폐 기능)	밀폐되지 않는다 도난의 우려 있다	밀폐되지 않는다 누수 우려가 있다	———	밀폐되지 않는다 누수 우려가 없다

• 내/외장품 작동				
항목	■××	■×	□××	□×
안전벨트관계	잠글 수 없다 열 수 없다 되돌아가지 않는다	숄더슬라이드 할 수 없다	——	당겨 감김이 늦다

•사양, 오품 및 결품				
항목	■××	■×	□××	□×
쟈키관계		결품 오품 (사용이 불가능)	———	외관 불량 (경도)

출하 품질 감사 기준서의 항목

1. 전장품의 작동	7. 사양, 오결품
2. 내외장비품 작동	8. 보디 맞음새
3. 배선, 배관 관계	9. 내외장품의 대미지
4. 체결 관계	10. 보디 외관 도장 완성도, 상처
5. 액체 샘	11. 내외장의 오염
6. 사용 액체의 양	12. 잉여품
	13. 주행, 기능

각국 법규 적합의 관리와 감사

자동차를 제조해 판매하려면 각국마다 서로 다른 법규를 필수적으로 준수해야 한다. 특히 도요타와 같이 특정 지역이 없을 정도로 전 세계에서 폭넓게 사랑받는 자동차 회사에겐 더욱 그렇다. 품질보증부는 자동차를 수많은 국가의 법규에 적합하게 만들고 품질을 유지할 수 있도록 하고 있다.

먼저 도요타 품질보증부는 자동차의 안전·배출 가스 법규 등 각국의 법규 적합 여부를 관리한다. 일본의 경우에는 국가가 지정한 자동차의 법규 적합 여부를 확인하는 완성차 검사를 국가로부터 위탁받아 직접 실시하고 있다. 일반적으로 다른 국가에서는 각 차종별마다 다른 항목에 따라 완성 검사를 실시한 후 검사 내용을 국가 기관에 제출한다. 완성 검사 외에 배출 가스 검사 성적표의 승인도 실시한다.

실제 완성 검사는 품질보증부가 아니라 각 공장의 품질관리 부서에서 실시한다. 품질보증부는 품질관리부가 작성한 완성 검사법에 따라 실시한 완성 검사와 배출 가스 검사 성적표를 승인하는 역할을 담당한다. 완성 검사는 품질보증부가 정한 검사원 교육을 수료한 후 검사원 인정 시험에 합격한 검사원만이 실시할 수 있도록 하고 있다. 더불어 품질보증부는 각 공장의 품질 관리 상황을 관리해 법 규제 적합 관리에 만전을 기하고 있다.

교통안전과 관련된 관공서의 감사에 대응하는 것도 품질보증부 몫이다. 도요타의 품질보증부는 관공서 감사 업무의 창구다. 일본의 경우에는 국토교통성 지정 자동차 감사와 공장이나 완성차의 현지현물 감사에 대응한다. 외국 관공서는 보통 COP 감사에 대응하고 있다.

품질에 관한 도요타의 종합 창구는 명실공히 품질보증

부다. 품질에 관한 관심과 노력은 모든 부서의 몫이지만 품질에 관한 최종 책임은 품질보증부가 진다. 이에 따라 회사 내부 부서의 품질에 관한 문의에 대응하는 곳 역시 품질보증부다. 나아가 도요타는 품질과 관련된 외부 고객의 불만이나 문의 역시 품질보증부 산하의 '고객상담센터'에서 대응하고 있다. 품질보증부와 고객 관련 부서를 같은 울타리 안에 둠으로써 고객 불만의 절대다수인 품질 문제를 신속하고 정확하게 해결하고 있는 것이다.

3장

품질관리부의 역할을
명확하게 하자

품질은 결과가 아닌 과정이다

살펴본 바와 같이 도요타 품질 관리는 '품질은 공정에서 달성한다'는 원칙에서 시작된다. 일반적으로 제조 업체는 제조 부서가 제품을 만들고, 품질관리부는 품질을 보증한다. 제품의 핵심은 결국 품질인데 제품을 만드는 부서와 품질을 책임지는 부서로 구분되는 것이다.

도요타 역시 이전에는 제조부가 제품을 만들면, 품질관리부 검사과에서 전문적인 '검사 공정'을 통해 품질을 보증하는 방법을 썼다. 그러나 검사 공정에서 100% 양품을 보증하는 것은 매우 어렵다. 또한 검사 공정에서 합격해도 후공정에서 불량이 발생하는 일도 빈번했다. 뿐만 아니라 검사 공정에서 100% 양품을 보증하려면 비용이 많이 든다. 막대한 검사 장치와 설비가 필요하고 이를 운영할 인력도 많이 들며, 무엇보다 검사를 위한 프로세스가 길어지면서 생산성을 떨어뜨린다.

따라서 제조 부서가 품질을 보증하지 않는 한 품질 확보는 불가능하다. 도요타의 공정에서 품질을 달성한다는 원칙은 이와 같은 생각에서 비롯되었다. 각 제조 공정에서 품질을 보증하면 검사 공정은 눈에 띄게 줄어든다. 품질이 공정에서 보증되기 때문에 검사 공정에 필요한 인력은 필요 없게 되고 검사에 들어가는 시간도 크게 줄일 수 있다.

품질을 공정에서 달성하고자 하면 품질관리부의 업무는 관리가 아닌 지원이 된다. 제조 부서에서 만들어온 제품을 하나하나 체크하고 검사하는 관리가 아니라 제품을 만드는 공정에서부터 제조 부서 스스로 품질을 보증할 수 있도록 돕는 것이 품질관리부의 역할이 되기 때문이다. 이런 점에서 도요타에게 품질은 결과가 아닌 과정을 의미한다. 품질은 만들어진 결과를 놓고 갑론을박한다고 해서 얻어내는 것이 아니라 만들어지는 과정에서부터 결정되는 것이기 때문이다.

도요타 품질관리부는 각 공장에 관한 품질 관리 업무

를 담당하고 있다. 또한 각 공장에서 생산하고 있는 모든 제품의 품질을 확보할 책임을 지고 있다. 이를 위해 품질관리부는 본사의 품질보증부와 연계해 업무를 추진한다. 그러나 공장에서 생산하는 제품의 품질을 확보하고 지속적으로 높이기 위해 공장 산하 각 부서와 협업해 직접 실행하는 업무의 비중이 더 크다.

〈표 3-1〉은 도요타의 각 공장에 있는 품질관리부가 자공장 소속 부서, 본사 품질 보증 부문, 부품 협력 회사, 타 공장 품질관리부와 연계해 공정을 품질에서 달성하기 위한 역할을 어떻게 하고 있는지 정리한 내용이다.

품질에 필요한 에너지를 제어한다

먼저 도요타에서 품질보증부가 하는 중요한 일은 설비의 공정 능력을 주기적으로 정확히 파악하는 일이다. 기계나 설비를 새롭게 도입한 경우는 물론 기존 상태에서의 대폭적인 개조나 오버 홀을 실시한 경우 기계와 설비의

표 3-1 품질관리부(공장)의 역할

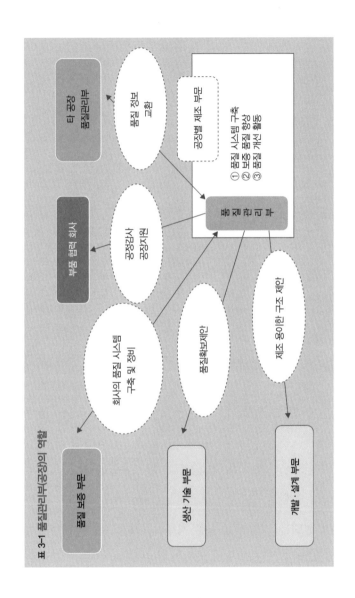

품질 정보 교환

타 공장 품질관리부

공정감사 공장지원

부품 협력 회사

공정별 제조 부문

품질관리부

① 품질 시스템 구축
② 보증 품질 향상
③ 품질 개선 활동

회사의 품질 시스템 구축 및 정비

품질확보제안

제조 용이한 구조 제안

품질 보증 부문

생산 기술 부문

개발·설계 부문

공정 능력을 면밀히 파악한다. 그래야 품질을 확보할 수 있기 때문이다.

발군의 기량을 가진 운동선수라고 해도 체력이 떨어지면 기술을 제대로 구사할 수 없다. 뛰어난 성능의 자동차라고 해도 연료가 부족하거나 냉각수가 모자라면 최적의 운전은 불가능하다. 마찬가지로 프로세스가 아무리 탄탄하고 매뉴얼이 촘촘해도 공정 능력에 문제가 생기면 품질에도 반드시 문제가 생긴다. 도요타는 이를 사전에 막기 위해 설비의 공정 능력을 수시로 체크하는 것이다.

품질관리부는 기계나 설비의 공정 능력을 파악한 다음 품질 체크 표준서에 따라 품질의 관리 조건(샘플링 빈도)을 정한다. 그 결과 공정 능력이 부족한 기계나 설비를 발견하면 지체 없이 능력을 개선하고 개선이 어려운 경우에는 생산하는 물건의 전수 검사를 실시한다.

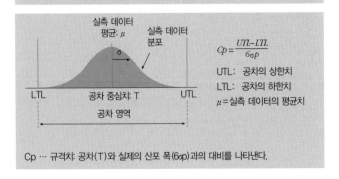

[참고]

설비의 공정 능력 파악

판정	공정 능력 지수	대응 방법
◎	$Cp \geqq 1.67$	상당히 안정, 양호 불량률 0.0001%($1ppm$) 이하
○	$1.67 > Cp > 1.33$	안정 상태 불량률 0.0001~0.01%($1 \sim 100ppm$)
△	$1.33 \geqq Cp \geqq 1.00$	$Cp \fallingdotseq 1$ 불량품이 유출된다 샘플링 검사 중요 품질은 전수 검사 불량률 0.01~0.3%($100 \sim 3{,}000ppm$)
×	$Cp \leqq 1.00$	전수 검사 설비 기계의 정비, 갱신 불량률 0.3%($3{,}000ppm$) 이상

- $Cp = \dfrac{T}{6\sigma p}$ · $\sigma p = \dfrac{\sqrt{(Xi-\bar{X})^2}}{n-1}$ · $\sigma p =$ 표준편차
- 측정 결과에서 측정값의 평균값에 치우침이 있는 경우는 기계, 설비의 조정을 실시하고, 평균값이 중앙값이 되도록 한다.
- 설비, 기계의 특성에 의해 조정할 수 없는 경우에는, 치우침을 가미한 Cp로 계산하여 공정 능력을 산정한다.

실측 데이터
평균: μ

실측 데이터
분포

$$Cp = \frac{UTL-LTL}{6\sigma p}$$

UTL: 공차의 상한치

LTL: 공차의 하한치

$\mu =$ 실측 데이터의 평균치

LTL

공차 중심치: T

UTL

공차 영역

Cp ··· 규격차: 공차(T)와 실제의 산포 폭($6\sigma p$)과의 대비를 나타낸다.

사례 상측에 편향된 경우

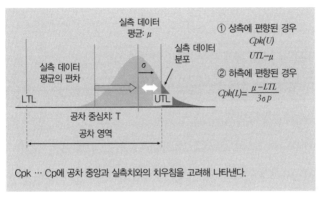

Cpk ··· Cp에 공차 중앙과 실측치와의 치우침을 고려해 나타낸다.

품질을 위한 기본을 놓치지 않는다

제품의 품질을 확보하려면 도면을 바탕으로 고객의 요구를 반영한 품질표준서의 작성이 반드시 필요하다. 품질표준서는 품질을 위한 기본이 되기 때문이다. 사실 이 기본만 잘 지키면 품질에 관한 치명적인 문제는 발생할 가능성이 거의 없다. 따라서 품질관리부는 여러 가지 품질표준서를 작성해 이를 준수하고 체크하며 제조 부서가 공정에서 품질을 달성하도록 지원한다. 품질관리부가 작성하는 품질표준서는 크게 완성차 검사법, 품질표준서, 표준견본 및 한도견본 등이 있다.

첫째, 완성차 검사법. 먼저 품질보증부는 각 차종의 완성차 검사법과 검사 성적표를 작성한다. 이를 통해 완성차 전반의 품질 보증 항목과 규격 검사 방법을 명확히 한다. 품질보증부가 작성한 완성차 검사법은 품질보증부의 승인을 받아 확정된다. 일본의 경우 자동차 완성 검사는 국가 기관이 각 자동차 제조사에 위탁하고 있는데 모든 자동차 제조사는 완성차 검사법을 반드시 작성해 이것을 바탕으로 검사를 실시해야 한다. 검사법 내의 항목은 전수 검사 항목과 샘플링 검사 항목으로 구분된다. 그 밖에 엔진이나 트랜스미션 같은 유니트(unit)들에 대해서도 각 기능에 관한 항목을 내용으로 검사법을 작성한다. 그 외 부품들에 대해서는 '품질 체크 표준서'를 작성한다.

[참고]

도요타 완성차 검사법 항목 구분

〈전수 검사 항목〉

① 주행 성능 검사

- 차량 주행에 필요한 항목의 검사 규격, 검사 방법을 정한다. (시동, 가속, 진동, 이음, 미터의 작동, 그 외 기능의 작동 상황)
- 검사 방법은 정치 주행(드럼 위에서 주행하는)에서 검사를 실시한다.

② 언더 바디 검사

- 언더 바디 관계 부품의 장착, 체결, 타이어 절각, 얼라이먼트, 사이드 슬립 양을 정한다.

③ 제동력 검사

- 제동에 관한 성능(제동력), 주차 제동 성능, 각 램프류의 불량 등과 체결 상태를 정한다.

④ 헤드램프 검사

- 헤드램프의 조사 범위를 정한다.
- 관련의 램프(턴 시그널, 비상등, 주차등)

⑤ 와이퍼 기능 검사: 프런트, 리어 와이퍼의 작동, 분사 위치

⑥ 엔진 룸 검사: 오품, 결품, 체결, 상처 등

⑦ 실내 검사: 실내 장착 부품의 오품, 결품, 작동

⑧ 외관 검사: 보디 상처, 도어 개폐, 유리, 도어 밀러의 오품

⑨ 배출 가스 검사: 배출 농도, 관련 부품(연료, 배기)의 장착, 누락

⑩ 차체 번호·엔진 형식 검사: 타각 위치, 타각 상태

※ 완성차 검사 성적표의 작성: 품질보증부의 승인을 받는다. 완성차 검사를 실시하기 위한 '완성 검사·배출 가스 검사 성적표'를 작성한다. 완성차 검사법을 바탕으로 작성한다.

〈샘플링 검사 항목〉

차량의 제원(전장, 전폭, 전고), 배기가스 농도, 브레이크 성능, 연비 성능, 소음 성능 등에 대해서 검사 규격, 검사 방법을 작성한다.

둘째, 품질표준서. 품질관리부는 양산이 이뤄질 때 제조 공정별로 품질을 보증하기 위해서 품질표준서를 작성한다. 여기에는 체크 항목, 규격, 검사 기구, 품질 체

크 빈도, 확인자 등이 정해져 있다. 각 공장에서는 이 품질표준서를 제조 공정, 설비, 기계마다 작성해야 한다. 품질표준서에는 크게 QC 공정표와 품질 체크 표준서가 있다.

먼저, QC 공정표는 각 공정 전체(라인별)의 품질 관리 항목을 기재한 장표로 관리 항목, 기준(규격), 사용 공구, 측정 도구, 측정 빈도를 정한다.

품질표준서 중 품질 체크 표준서는 각 공정별(기계, 설비별)의 품질 항목을 정한 장표로 구체적인 내용은 다음과 같다.

① 품질 체크 빈도(설비의 공정 능력을 가미해서 정함)

- 도구 교환 빈도
- 생산하는 Lot 수
- 불량이 발생한 경우에 불량품을 사내에서 선별해 확인할 수 있는 빈도(사내에 불량품을 유출하지 않음)

② 체크 실시 부서

- 제조 부서: 초물, 중간, 종물, 도구 교환 빈도
- 품질관리부: 제조 부서에서 확인할 수 없는 항목(정밀 측

표 3-2 QC 공정표

가공 부서			공정, 라인명			품질관리부	제조부	작성자	품질 체크						비고
									제조 부서				품질관리부 검사원	
									작성자		직제			
No	공정명	관리 항목	중요도	설계 기준	검사 기준	사용 공구	사용 조건	측정 도구	빈도	기록	빈도	기록	빈도	기록	

공정명	
제조 부서명	

[기입 예]

※중요도
A : 중요
B : 중요
C : 일반

※품질 체크 빈도
• 전수 : 전수 확인
• 1/N : N개 → 1회
• N/D : 1일 → N회
• N/M : 월 → N회

※기록 방법
• X : 기록 불필요
• △ : 기록 용지
• □ : 관리도
• ● : 보고서

개정란			
기호	연월일	개정 사항	성명

정) 작업 공정 감사로서 실시하는 빈도(양품인 것을 확인)

③ 작성자: 품질관리부

④ 협의 부서: 각 제조 부서

작성 책임을 명확히 하기 위해서, 품질관리부·제조 부서의 담당 과장이 승인 확인 도장을 날인함

⑤ 작성 발행 시기

- 작성: 신제품의 1차 양산 시작 전
- 정식 발행 시기: 양산 개시 전

셋째, 표준견본 및 한도견본. 제품이 잘 만들어졌는지를 판정하는 가장 중요한 기준은 도면이다. 그러나 도면에서는 표현할 수 없는 것들 중에도 품질에 영향을 미치는 것들이 있는데 이를 위해 품질관리부는 눈으로 볼 수 있는 견본을 실제 모습과 같이 제작한다. 사람의 눈으로 합격 여부를 판정하면 사람에 따라 합격 여부에 편차가 날 수밖에 없다. 심지어 같은 검사원이 기분이 좋은지 나쁜지도 판정에 영향을 줄 수 있다. 특히 양품과 불량품의 중간에 있는 애매한 결과물들이 발생하는데 이를 '그레이 존

표 3-3-1 품질 체크 표준서(기계 기공)

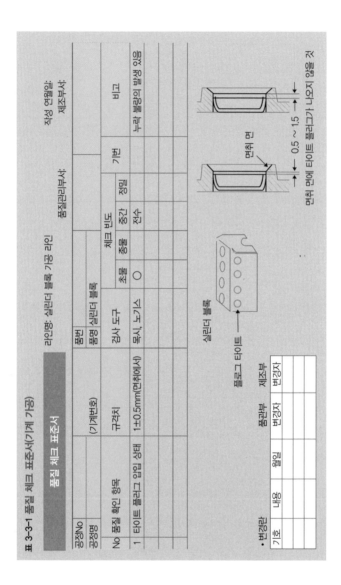

라인명: 실린더 블록 기공 라인

작성 연월일:

제조부서:

품질관리부서:

품질 체크 표준서

공정No

공정명

(기계번호)

No	품질 확인 항목	품명 품명 실린더 블록	규격치	검사 도구	체크 빈도				기변	비고
					초물	종물	중간	정밀		
1	타이트 플러그 압입 상태		1±0.5mm(면취에서)	목시, 노기스	○		전수			누락 불량의 발생 있음

실린더 블록

플러그 타이트

실린더 블록

면취 면

0.5 ~ 1.5

면취 면에 타이트 플러그가 나오지 않을 것

• 변경란

기호	내용	월일	품관부		제조부	
			변경자	변경자	변경자	변경자

표 3-3-2 품질 체크 표준서(조립 공정) 06: 품질 체크 표준서

공정명:		품질 관리부 부서:		작성 연월일:	
				제조 부서:	

공정No	R-3	공정명:			
공정명	헤드 볼트 체결	품번	(기번)-X-05		
		품명	IG엔진		

No	품질 확인 항목	검사도구	규격치	체크 빈도			비고
				조물	종물	중간	
1	헤드 볼트 체결 토크	QL 토크 렌치	지시: 64±12.8	전수			정밀
		FL 토크 렌치	검사: 70±20				4회/교대	관리 도면 작성할 것
			N-Cm				

헤드 볼트 체결: 10개

(약도)

9   7
3   5
1   2
6   4
8   10

• 가 체결, 수동 체결 시에는 No: 1부터 No: 10 순으로 실행한다

• 변경란

품번부		제조부	
변경자		변경자	

기호	내용	월일	

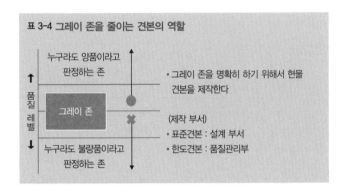

표 3-4 그레이 존을 줄이는 견본의 역할

누구라도 양품이라고 판정하는 존

↑
품질
레
벨
↓

그레이 존

누구라도 불량품이라고 판정하는 존

· 그레이 존을 명확히 하기 위해서 현물 견본을 제작한다

(제작 부서)
· 표준견본 : 설계 부서
· 한도견본 : 품질관리부

(gray zone)'이라고 부른다. 이에 따라 도요타 품질관리부는 합격 여부를 판정할 수 있는 견본, 즉 샘플을 제작해 사람에 따른 판정 차이를 최소화하고 그레이 존을 줄이고 있다. 표준견본은 도면에 표현할 수 없는 부품, 차체의 도장 색상, 사상의 차이 등을 판정하기 위해 설계 부서에서 도면과 동일하게 제작한다. 한도견본은 도장 면의 색상, 사상 등 시각을 통해 양품과 불량품을 판정하는 경우의 한도를 정한 견본으로 품질관리부에서 제작한다.

[참고]

한도견본

① 한도견본의 대상

- 외관: 부품, 도장 면, 도금 색상, 사상(상처, 이물질)

- Burr, 표면의 凹凸, 흑피 잔류, 조립 위치

- 관능 평가로서 소리, 진동, 느낌 등

② 한도견본의 내용

- 양품 한도견본: 양품으로 합격할 수 있는 한도견본(양품 견본)

- 불량품 한도견본: 양품으로 할 수 없는 한도견본(불량 견본)

③ 한도견본의 제작 부서

한도견본의 제작은, 품질관리부가 중심이 되어 제작하지만, 제조 부서나 부품 협력 회사 등으로부터 의뢰가 있는 경우는 양측에서 검토하고 제작한다. 한도견본에는 품질관리부와 제조 부서, 또한 부품 협력 회사와의 합의 증거로서 한도견본(현물)에 승인 도장을 날인한다.

④ 한도견본의 샘플

구입 부품의 협력 회사와 품질에 관한 약정을 한 검사법이
다. 협력 회사에서 작성하고 품질관리부가 승인한다. 품질
항목, 규격, 검사 도구, 보증 방법 등을 기재한 장부다. 특
히 품질 보증 방법을 명확히 한다.

표 3-5 한도견본 샘플

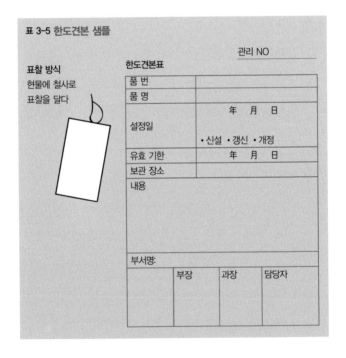

표 3-6-1 승인검사법 견본

품질 한도견본표

부서 : 제1조립과

부품명		작성 연월일			
공정명		작성자			

견본 내용	사이드 스텝 커버 외관 스크래치, 변형

양품 견본	스크래치, 변형이 없을 것 스크래치, 변형 없다

불량품 견본	스크래치, 변형이 있는 것은 수정한다 스크래치 불가

수정 방법	불량 부위를 수정용 흑색 왁스로 연마할 것

표 3-6-2 승인검사별 견본

작업 요령서 No (요소 작업표)	작업명	중요도		작성	과장	공장	조장	조정	반장
	사이드 스텝 조립	A							

요령서 No. 4	공자도 No	조별	공수	규격 ~	작업 시간 60초	자형			작업 위치

No	조립 순서	작업 요령 (무엇을 어떻게)	사용 공구	품번	개수
1	프레임 준비	프레임을 조립용 지구에 세팅한다	금소 (갑, 품질 확보, 상처방지, 안전)		1
2	커버 준비	스텝 커버를 조립용 지구에 놓는다			1
3	스가프 플레이트 준비	플레이트를 조립용 지구에 놓는다			1
4	3부품을 세팅한다	조립 지구에 세팅하고 취부 홀을 맞춘다			
5	볼트 체결	임팩트 렌치로 볼트를 체결한다	체결 개소 : 6개소, 체결 토크 : 임팩트 렌치		
6	품질 확인	볼트 체결 확인 (확인 마크를 할 것)	섹상 마커		
		외관 확인 (상자, 오염의 확인)	커버, 플레이트 면		

개 1	개정자	볼란9 1	기입자	4	기입자
정 2	年 月 日	기록 2		5	
인 3	年 月 日	3		6	
	年 月 日				

그림

[다이어그램 라벨: 플레이트, 스텝커버, 프레임, 조립, 2개×3개소, 볼트(6개)]

부착지 번호
명칭
기호
· 품질확인: ◇
· Fool Proof□, 자기 확인●, 후공정 확인■, 샘플링 검사□
· 안전 +
· 지명 업무
· 보호구
보안경, 헬멧, 손목 보호대, 무릎 보호대

표 3-7 승인 부품 검사별 개요

품번	품명			자료	
공정	제품의 흐름(외주~도요타 공장 수입 장소)				
검사 규격	검사 규격 유해는 불가 한도견본을 기초한다	계급	검사 도구	샘플 방식	비고
외관		S	목시	전수	
		A	노기스 게이지	S,I=3/LOT	
		B	C/F	C=0	
		C	(조립게이지)		
치수 길이 폭 넓이					
내구 신뢰성	내구 목표		내구 장치	초품	
도요타 검사 관리 부서		도요타자동차(주)		협력 회사	

품질을 보증하는 실타래를 엮는다

도요타는 중요한 품질 불량을 후공정, 특히 협력 회사와 시장에 유출하지 않기 위한 품질 보증 레벨을 정한 후 보증 레벨이 낮은 곳을 발견해 개선을 추진하고 있는데 이를 품질 보증 네트워크(Quality Assurance Net Work)라고 한다. 제조 공정의 품질 보증 레벨 향상을 목적으로 하는 품질 보증 네트워크는 품질 보증 레벨의 평가, 약점 발견, 개선 실시의 단계를 통해 목표 레벨 달성을 추진하고 있다.

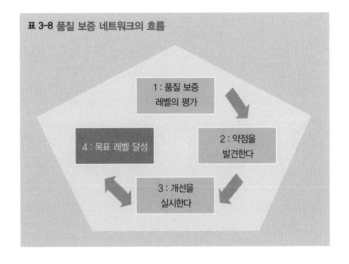

표 3-8 품질 보증 네트워크의 흐름

1 : 품질 보증 레벨의 평가

2 : 약점을 발견한다

3 : 개선을 실시한다

4 : 목표 레벨 달성

품질 보증 네트워크를 위해 도요타는 먼저 작업 방법에 관한 발생 방지와 품질 확인 방법에 관한 유출 방지로 구분해 품질의 보증 방법을 명확히 한다. 이를 '품질의 망'이라고 부른다. 즉 발생 방지는 제조 공정의 작업 방법상 품질 확보의 내용이고, 유출 방지는 품질을 확보하는 방법이다.

도요타는 보증도의 합격 기준을 정한 후 보증도가 부족한 경우에는 기준에 이를 수 있도록 발생 방지와 유출 방지의 방법을 개선하고 있다.

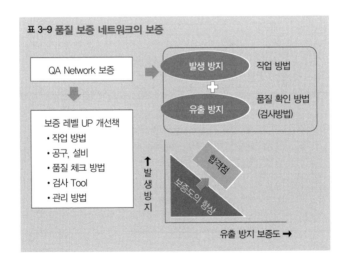

표 3-9 품질 보증 네트워크의 보증

품질 보증 네트워크의 대상이 되는 품질 항목은 ①중요 품질 특성, ②품질 감사에서 불량이 발생하는 항목, ③시장 클레임이 발생하는 항목, ④공정 내에서 수정이 곤란해 공수가 많이 드는 불량 항목 등이다. 신제품 양산 시에는 품질관리부가 설계, 생산 준비, 제조 부문과 협의해 대상 품질 항목을 정하고, 양산품을 생산할 때는 품질관리부와 제조 부문이 협의해 정하고 있다.

[참고]

중요 품질 특성을 기능 불량과 외관 불량으로 구분해 품질 특성 결정

기능 불량(■××)		
① Ⓢ 1	체결	기본 성능의 불량
② Ⓢ 2	누유	'달린다' '회전한다' '멈춘다'
③ Ⓢ FH	화재 발생···배선 쇼트, 배관의 조립	
④ Ⓢ OR	차량 폭주···스로틀 와이어, 세프티 SW	
⑤ Ⓔ	배기가스 정화: 작동 불량, 배관 미스, 배기 누락 등	
⑥ Ⓡ	해외 각국의 법규: 전파 장해, 소음, 엔진 No 타각 등	
⑦ 指	일본 국내의 지정 자동차로서 국가에 신청한 검사 항목	
⑧ 기타	전장, 내외장품 작동, 액체량, 누수, 주행(NVH) 불량	

> **외관 불량(■××)**
>
> • 대부분의 고객이 고충을 호소할 가능성이 있는 불량
> • 현저하게 자동차의 이미지를 손상할 우려가 있는 불량
> 사례)보디 : 도장, 맞음새, 凸凹, 상처, 오염, 녹
>   외장품 조립 : 상처, 오염, 잉여품, 오 결품

품질 보증 레벨 랭크 평가 기준 기본

① 발생 방지 랭크 평가 기준 : 작업 방법(품질 달성의 보증)	
랭크	제조 공정의 품질을 확보하는 작업 내용
1급	불량 발생이 있을 수 없다
2급	품질 확인 작업이 있고 품질을 확보하고 있다
3급	불량품이 발생할 우려가 있다
4급	품질 확인의 작업이 없다

② 유출 방지 랭크 평가 기준 : 품질 확인 방법(제품의 품질 보증)	
랭크	확실하게 불량의 검출이 가능하다
1급	확실하게 이상 검출을 할 수 있고, 불량의 유출이 없다
2급	이상 검출을 할 수 있고 거의 유출 방지가 가능하다
3급	이상의 검출이 일부 약하고, 불량을 유출하는 경우가 있다
4급	불량의 검출이 부족, 또는 없다

이 내용을 기본으로 해서 기계 가공 공정, 보디 용접 공정, 조립 공정 등에 관해 개별적으로 품질 보증 네트워크 레벨 랭크를 작성한다. 구체적인 적용 사례는 다음과 같다.

품질 보증 레벨 랭크 평가 기준 적용 사례: 기계 가공 공정용 랭크

① 발생 방지 랭크 평가 기준		
랭크	치수 형상	Burr절삭 칩
1급	• 확실한 Fool Proof(기계장치)가 있다 • 공정 능력이 확보되어 있다(Cpk≧1.67)	• 완전한 Burr, 절삭 칩 제거 장치가 있다 • Burr, 절삭 칩이 남지 않는 가공
2급	• 사람의 관리(5감)에 의한 Fool Proof가 있다 • 공정 능력 1.33>Cpk>1.67 • 공정 누락의 개선이 있다	• Burr, 절삭 칩 제거 장치가 있다(브러쉬+세정기)
3급	• 공정 능력이 충분하지 않다 • 공정 능력에 산포가 있다(Cpk=1.33~1.00)	• 부착된 절삭 칩의 제거 장치가 있다 (세정기, 에어 브로 장치)
4급	• 공정 능력 부족 • 공정 능력 1.00>Cpk • 공정 누락의 개선이 없다	• 수작업에 의한 에어브로 정도

② 유출 방지 랭크 평가 기준 (품질의 확인 내용)	
랭크	내용
1급	• 설비에 의한 전수 검사 • 이상 시는 설비가 멈춘다
2급	• 샘플링 측정에서 불량이 발생 시, 공장 내에 있는 제품은 전수 확인할 수 있는 샘플링 빈도대(공장 밖으로 불량품을 유출하지 않는다) • 판정이 용이한 항목이며 작업이 전수 관능 검사하고 있다
3급	• 정기적으로 샘플링 측정하고 있다(불량 발생 시에 회사 밖으로 유출할 우려가 있다)
4급	• 검출력이 부족 • 품질 확인은 실시하고 있지 않다

유출 방지 랭크는 제조 공정의 실시 상황 평가를 원칙으로 한다. 그러나 전문적인 검사 공정을 설치해 품질 확인을 실시하고 있는 공정에 대해서는 레벨의 평가 기준이 높은 쪽을 채택한다.

③ 합격 판정 기준

		발생 방지(제조 공정)			
		1급	2급	3급	4급
유	1급	◎	◎	◎	○
출	2급	◎	○	△	×
방	3급	◎	△	×	×
지	4급	○	×	×	×

◎ : 합격(안심) ○ : 합격 △ : 개선 필요 × : 불합격

품질 검사의 첫 삽

품질관리부는 완성차 검사법에 따라 품질표준서와 견본들을 활용해 완성차를 검사한다. 세계 각국의 자동차 관계 당국은 모두 법률에서 정한 완성차 검사를 실시하고 있다. 그런데 사실 이와 같은 정부 기관이 주관하는 완성

차 검사는 자동차 제조사들이 자체적으로 실시하는 검사보다는 덜 빡빡한 것이 사실이다. 이에 따라 자체적인 검사만 잘 준비하면 관계 당국의 검사는 식은 죽 먹기로 생각하는 경향이 생겼다. 그러나 이로 인해 많은 자동차회사들이 문제를 겪었다. 항목이나 기준 등에서 더 엄격한 기준으로 자체 검사를 하더라도 관계 당국의 검사를 통과하는 것은 이와는 조금 다른 노력들이 필요한데, 이를 가볍게 여겨 정부 검사에서 브레이크 잡히는 일들이 비일비재하게 일어나고 있다.

도요타는 품질 검사의 첫 삽인 정부 주관 검사에서 행여나 '삽질'이 일어나지 않도록 만반의 준비를 다하고 있다. 먼저, 신차를 발매할 때는 기술부가 주관해 정부(일본의 경우 국토교통성)에 인가를 신청해 승인을 받는다. 품질보증부는 차종별 완성차 검사법을 정부 기관에 제출해 승인을 받는다. 이후 각 공장의 품질관리부는 완성차 검사법을 바탕으로 완성차 검사를 실시한다. 특히 품질관리부 차량검사과를 독립 부서로 운영하며, 여기서 지명한 지도원이 실시하는 검사에 합격한 차량만 시장에 출하하고 있다. 품질관리부는 완성차 검사원에 대한 관리도 철저히 하고 있다. 검사원은 소정의 교육을 받아야 함은 물론 검사원 인정시험에 합격해야 한다. 그래야 비로소 '검사원'으로 인정받아 완성차 검사를 실시할 수 있다.

품질관리부는 전수 검사와 샘플링 검사를 병행해 완성차 검사를 실시한다. 전수 검사는 '완성 검사, 배기가스 검사 실적'을 작성해 이를 바탕으로 실시하며, 샘플링 검사는 전수 검사를 할 수 없는 품질 특성에 대해 매월 실시한다. 차량 치수, 배기가스 농도, 소음, 브레이크 성능, 연비 성능 등이 샘플링 검사 대상이다. 도요타는 완성차 검사를 위해 독립된 장소를 확보해 운영하고 있다. 전수 검사는 완성차 검사 라인에서, 샘플링 검사는 항목에 따라 차량 감사 공장, 배기가스 측정실, 또는 테스트 코스에서 실시하고 있다.

빈틈도 타협도 없는 공정 감사

품질관리부는 품질을 보증하는 책임이 있다. 이에 따라

품질관리부는 제조 공정의 품질 상황을 정기적으로 확인 또는 감사하는 방법을 통해 품질을 보증한다. 이것이 공정 감사다. 제조 공정을 감사하는 공정 감사는 크게 부품의 정기적인 측정과 순회 체크로 이뤄진다. 먼저 측정실에서 주관하는 부품의 정기적 측정은 제조 부서에서 측정하기 곤란한 품질 특성인 조도, 진원도, 동심도, 편심, 평행도, 캠 프로필 등을 대상으로 한다. 이때 측정하는 부품은 측정실 검사원이 현장에서 샘플링한다.

순회 체크는 가공이나 조립 공정의 품질에 대해 이뤄진다. 먼저 품질관리부는 표준 작업의 준수 상황을 확인한다. 중요 품질 특성에 대해 제조 부서가 작업표준서 대로 작업하고 있다면 불량품은 발생하지 않기 때문에 이에 대한 준수 여부를 확인하는 것이다. 또한 중요 품질 특성의 항목을 정기적으로 측정해 관리 수준을 파악한다. 품질 체크 표준서, QC 공정표를 기준으로 제조 부서와 협의해서 정한 항목에 대해 측정한다. 샘플링에 의한 측정이기 때문에 관리도 법으로 관리하며 제조 부서에서 측정하고 있는 측정값과 차이가 있는지 없는지가 중요한 포인트다.

제품 감사는 출하 직전의 상태를 샘플링해 감사함으로써 고객, 즉 후공정의 품질을 보증하는 것이다. 완성차에 대해서는 품질보증부에서 정한 항목을 참고해 공장에서 실시하고 엔진, 미션, 데프 등 유니트 조립품에 대해서는 각 기능을 확인함은 물론 성능과 신뢰성 등의 품질을 확인한다.

[참고]

제품 감사 사례: 엔진의 성능 확인

① 엔진 성능 전반
- 최대 출력, 최고 토르크, 연비 성능
- 소음, 진동, 배기가스 성능, 마찰 손실 마력 측정

② 초기 신뢰성의 확인 (월/1대)
- 10시간 내구 시험 : 전체 부하×최고 회전수 연속 운전
- 시험 후 엔진을 분해하여 각 부위 확인하고 불량 항목의 대책을 실시

③ 내구성 확인 (6월~1년/1대)
- 100~200시간 : 전체 부하×최고 회전수 연속 운전
- 무부하, Up Down 내구 시험(100시간) 무부하, 아이들링 회전 ⇔ 최고 회전수 반복 운전
- 그 외 필요에 따라 저온·고온에서의 시동성 시험, 냉열 사이클 시험을 실시하는 경우 있음

품질 관리 버그까지 박멸한다

지금까지 살펴본 바와 같이 도요타 품질관리부는 체계적이고 꼼꼼한 방법을 통해 최고의 품질을 만들어가고 있다. 그러나 완벽에 가까운 노력에도 불구하고 도요타 역시 예상하지 못한 품질 문제에 직면한다. 솔루션이나 프로그램을 처음 만들면 으레 도무지 원인을 알 수 없는 버그(bug)가 불가피하게 발생하는 것처럼 혼을 담은 철저한 노력에도 불구하고 품질 관리에도 버그가 생기기 마련이다.

도요타는 이와 같은 품질 관리 버그까지 박멸한다. 이상이 생겼을 때 어떻게 하느냐에 따라 이상은 작은 벌레로 끝날 수도 있고 엄청난 괴물이 될 수도 있다. 도요타 품질의 비결은 이상 발생 시 처리에도 숨어 있다.

크게 품질의 이상은 사내에서 발생하는 경우와 협력 회사에서 발생하는 경우로 나뉜다. 사내에서 품질 불량을 발견해 고객에게 유출될 우려가 있는 경우, 품질관리부는 공장 내 재고품의 품질을 점검하고 불량품을 수정하거나 폐기한다. 특히 불량품이 고객에게 유출된 징후가 조금이라도 발견되면 신속히 고객에게 연락을 취해 만일에 있을 2차 피해 가능성을 조기에 차단한다. 협력 회사에서 출하한 제품에서 품질 불량이 발견된 경우에는 곧바로 협력 회사로 달려가 현장에서 품질 점검을 실시해 양품과 교환하거나 부품을 수정한다.

이상 발생 시 처리에서 특히 중요한 것이 점검 루트다. 평상 시 점검 루트가 잘 정립되어 있지 않으면 품질 이상이라는 위기를 만났을 때 허둥지둥함은 물론 서로 책임 소재를 따지는 등 문제 해결과는 동떨어진 것들로 인해 품질에 더 큰 문제를 일으킬 수 있기 때문이다.

도요타에서는 품질 이상이 발생하면 기본적으로 품질 관리부와 제조 부서에서 품질 점검을 실시한다. 그러나 불량의 주요 요인이 설계나 생산 준비 부서로 예측될 때는 각각의 책임 부서에서도 품질 점검자를 파견하도록 하고 있다. 품질은 공정에서 달성한다는 원칙을 위기 상황에서도 준수하는 것이다.

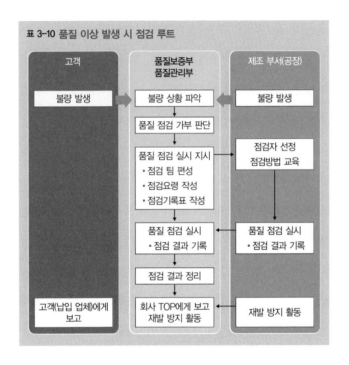

표 3-10 품질 이상 발생 시 점검 루트

고객	품질보증부 품질관리부	제조 부서(공장)
불량 발생	불량 상황 파악 ←	불량 발생
	품질 점검 가부 판단	
	품질 점검 실시 지시 • 점검 팀 편성 • 점검요령 작성 • 점검기록표 작성	점검자 선정 점검방법 교육
	품질 점검 실시 • 점검 결과 기록	품질 점검 실시 • 점검 결과 기록
	점검 결과 정리	
고객(납입 업체)에게 보고	회사 TOP에게 보고 재발 방지 활동 ←	재발 방지 활동

    품질 관리에 있어 불량을 찾아 없애는 것보다 더 중요한 것은 불량의 재발 방지다. 한 번 실수는 용서함이 마땅하지만 반복되는 실수는 용납할 수 없음과 같은 이치다. 도요타는 불량이 다시 일어나지 않도록 하는 재발 방지 활동에 힘을 쏟고 있다. 품질 불량의 재발 방지를 위한 모든 활동은 품질관리부가 전부 책임을 지고 실시한다. 두

번 다시 불량이 생기지 않도록 철저히 실시한다. 보통 신제품 양산 후 6개월이 지나면 품질 불량의 발생 내용은 한 바퀴를 돌게 되는데 이 기간 동안 재발 방지를 철저히 실시하면 품질 불량을 0건으로 만들 수 있다는 게 도요타의 지론이다. 이에 따라 1회 사이클 중 일어나는 불량을 2회 때부터는 절대로 다시 생기지 않도록 하고 있다.

품질관리부는 재발 방지를 위해 다음과 같은 7단계 방안을 실행하고 있다.

① 불량품을 만든 발생 요인과 불량품을 흘린 유출 요인을 나눈다.

② 현지현물을 바탕으로 제조 부서(또는 관계 부서)가 대책을 수립해 실행한다.

③ 품질관리부와 제조 부서는 공동으로 실행한 대책의 효과를 반드시 확인한다. (확인 결과, 대책이 충분하지 않은 경우에는 원인 분석부터 다시 시작한다.)

④ 실행한 대책의 내용을 반영해 각종 작업표준서를 개정한다.

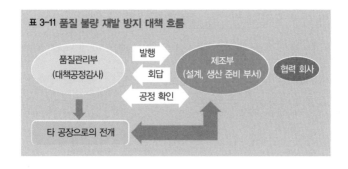

표 3-11 품질 불량 재발 방지 대책 흐름

품질관리부
(대책공정감사)

발행

회답

공정 확인

제조부
(설계, 생산 준비 부서)

협력 회사

타 공장으로의 전개

⑤ 이에 따른 표준 작업 준수 여부를 확인한다. (최저 6개월간)

⑥ '불량 발생 연락서'를 작성해 불량 발생 공정에 게시한다.

⑦ 타 공장으로의 횡단 전개를 실시한다.

이와 같은 작업 결과, 양산품에 대한 설계 변경의 필요가 생기면 품질관리부가 주체가 되어 선행 확인한다. 품질이나 작업상에 문제 발생의 우려가 있는 경우에도 마찬가지다. 이후 기술부는 '설계 변경 지시서'를 작성해 각 부서에 배포한다. 이를 바탕으로 해당 부서는 '설계/공정 변경 계획서'에 따라 설계를 변경해 이전 설계에서 발생했던 불량의 재발을 방지함은 물론 변경 과정에서 생길 수 있는 불량 발생 가능성을 사전에 원천봉쇄하고 있다.

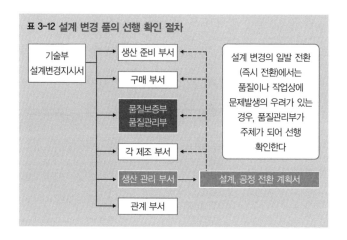

표 3-12 설계 변경 품의 선행 확인 절차

여러 가지 노력을 통해 자사 제품의 품질이 좋아져도 구매하는 부품의 품질이 향상되지 않으면 자사 제품의 종합적인 품질은 향상되지 않는다. 특히 자동차와 같이 수많은 부품들로 완성품을 만드는 산업에서는 부품 품질이 곧 제품 품질이라고 해도 과언이 아니다. 그런데 문제는 완성차 제조사가 수많은 부품들을 모두 만들 수 없다는 점이다. 이에 따라 품질을 위해 협력 업체에 대한 관리와 함께 구매 부품의 품질을 확보하는 것이 무엇보다 중요하다. 도요타는 제품 품질의 핵심인 부품 품질을 높이기 위해 다양한 노력을 기울이고 있다.

일반적으로 구매 부품의 품질은 샘플링으로 검사한다. 그러나 샘플링 검사로 전수의 품질을 100% 보증하는 것은 통계학상 불가능하다. 즉 합격 품질 수준을 AQL(Acceptable Quality Level) 0.3%(3,000ppm) 이하로 보증하려면 전수 검사밖에 방법이 없다. 그런데 전수 검사를 하면 막대한 장치와 공수 인력이 필요하며 검사 시간이 오래 걸린다는 문제에 직면한다.

이에 따라 도요타 품질관리부는 협력 업체를 지도하고 지원하는 일에 피땀을 쏟고 있다. 협력 업체 역시 공정에서 품질을 달성하도록 하면 품질은 100% 보증되며 부품에 대한 수입 검사는 필요 없게 된다. 이를 위해 품질관리부는 승인 검사법의 작성 승인, 도요타식 생산 방식의 도입 지원, 품질의 공정 감사, GBM(Global Bench Marking) 공장 평가 및 포상, 변화점 관리 실시 지도 등의 방법을 통해 협력 업체가 만들어내는 부품의 품질을 공정에서부터 달성할 수 있도록 지원하고 있다.

　나아가 이와 같은 지도와 지원을 잘 이행해 우수 품질을 유지하는 협력 업체에 대해서는 수입 검사를 완전히 폐지하는 무검사 수입을 실시하고 있다. 무검사 수입을 위해서는 납입 불량 10ppm 이하, 1년간 품질 불량 1건 이하의 목표치를 달성해야 하는데, 도요타는 무검사 수입 업체에 대해서는 발주량 증대나 신제품 우선 발주는 물론 비용 면에서도 우대해 협력 업체의 품질 향상을 촉진하고 있다. 또한 연 2회 협력 업체 품질대회를 개최해 품질이 우수한 협력 업체를 표창하고 품질 개선 우수 사례를 공유하는 등 협력 업체의 품질을 지속적으로 높이기 위한 활동을 꾸준히 지원하고 있다.

품질에 춤추고 품질을 노래하다

품질을 신앙처럼 중요하게 여기는 도요타 사람들에게 품질은 신주단지 같은 존재가 아니다. 도요타에서 품질은 중요하기 때문에 범접할 수 없는 존재가 아니라 중요하기에 항상 함께해야 하는 존재다. 그래서 도요타 사람들에게 최고의 품질을 위한 다양한 활동들은 귀찮고 힘들고 번거로운 일이 아니라 흥겹게 기쁘고 만나고 싶은 대상이다.

신나는 품질 관리를 위해 품질관리부는 '품질월보(品質月報)'를 매달 작성한다. 이 간행물에는 시장 클레임 정보, 공정 내 불량 현황, 완성품/재료/가공/구매 부품 등 제반 불량 현황, 정밀 측정 결과, 공정 감사 및 완성품 감사 결과, 재발 방지 보고서 등을 담는다. 품질에 관한 정보들을 구성원들이 함께 공유함으로써 품질의 중요성을 점검하고, 최고 품질에 대한 의지를 높이며, 품질을 높일 수 있는 방법을 함께 고민하는 것이다.

즐거운 품질 관리를 위해 도요타는 품질 회의도 개최한다. 품질 회의는 품질 향상과 불량의 재발 방지를 구체적으로 토의하는 회의다. 품질 회의에는 공정별 품질 회의와 공장 전체 품질 회의가 있다. 제조 부서가 주최하는 공정별 품질 회의는 각 제조 공정별로 이뤄지는데 제조 부서와 품질관리부의 각 감독자가 참가한다. 품질관리부가 주최하는 공장 전체 품질 회의에는 품질관리부와 제조부의 과장 전원이 출석한다. 그런데 특이한 점은 회의실에서 이뤄지는 보고는 최대한 줄이는 반면 현장에서 현물을 확인하는 시간을 늘린다는 사실이다. 이처럼 도요타는 눈으로 직접 보고 귀로 몸소 들으면서 불량 재발을 막기 위해 노력하고 있다.

4장

제조 공정의
품질 달성 시스템을
강화하라

양품만을 생산한다

제조 부서는 제품의 품질을 최종적으로 확보하는 부서
다. 제조 부서는 품질관리부의 지원을 받아 품질보증부
가 세운 품질의 원칙을 준수해 품질의 목표를 달성한다.
따라서 실제로 품질이라는 성과를 만들어내는 곳이 바로
제조 부서다. 도요타의 품질이라는 드라마의 주연이 바
로 제조 부서다. 품질보증부와 품질관리부는 조연이다.
도요타에게 품질은 결과가 아닌 과정이고, 품질은 공정
에서 달성하는 것이기 때문이다. 아무리 설계를 잘했더
라도 제조 공정에서 품질을 100% 보증하는 제품을 만들
어내지 못하면 품질 보증은 이뤄질 수 없다. 마찬가지로
품질 개선 역시 제조 부서에 의해 최종 완결된다. 품질은
공정에서 달성되는 것이기 때문에 품질 개선 역시 공정
을 맡고 있는 제조 부서가 성패의 열쇠를 쥐고 있다.

여기서 제조 부서가 공정에서 품질을 달성하는 기본 원칙을 점검해보자. 제조 공정의 품질 관리는 양품만을 생산하는 것이다. 이를 위해서는 불량품은 받지도 않아야 하고 유출하지도 말아야 한다. 이를 바탕으로 불량품은 만들지 않아야 하고 나아가 불량품은 만들 수 없는 시스템을 구축해야 한다. 이를 바탕으로 각 제조 공정에서 자공정 완결, 즉 자신의 일은 자신이 보증하는 것이 도요타 제조 부서가 공정에서 품질을 달성하는 근간이다. 다시 말해 자신의 일에 대한 무한 책임을 가지고 만든 것은 100% 양품 보증하는 것, 후공정을 고객으로 여

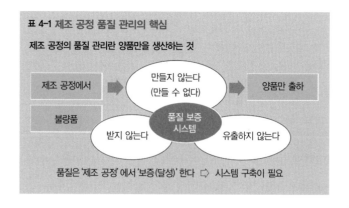

표 4-1 제조 공정 품질 관리의 핵심

제조 공정의 품질 관리란 양품만을 생산하는 것

| 제조 공정에서 | → | 만들지 않는다 (만들 수 없다) | → | 양품만 출하 |

| 불량품 | 품질 보증 시스템 | |

| 받지 않는다 | | 유출하지 않는다 |

품질은 '제조 공정'에서 '보증(달성)'한다 ⇨ 시스템 구축이 필요

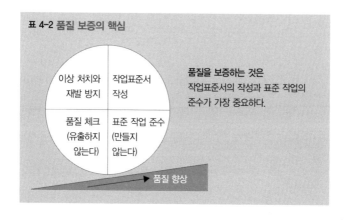

표 4-2 품질 보증의 핵심

이상 처치와 재발 방지	작업표준서 작성
품질 체크 (유출하지 않는다)	표준 작업 준수 (만들지 않는다)

품질을 보증하는 것은
작업표준서의 작성과 표준 작업의
준수가 가장 중요하다.

품질 향상

겨 다음 공정에 절대로 불량을 유출하지 않는 것이 중요
하다.

제조 부서가 품질을 보증하기 위해서 가장 중요한 것
은 작업표준서의 작성과 표준 작업의 준수다. 이를 통해
품질을 정확히 체크해 불량품을 유출하지 않고, 표준 작
업을 준수해 불량품을 만들지 않으면 품질 보증을 완벽
하게 달성할 수 있다. 지금부터 공정에서 품질을 달성하
는 도요타 품질의 주연인 제조 부서의 품질 보증 활동을
하나하나 파헤쳐보자.

훌륭한 사람이 훌륭한 물건을 만든다

물건 만들기는 사람 만들기다. 좋은 물건을 만드는 것은 좋은 사람이 할 수 있는 일이고, 최고의 인재가 최고의 품질을 만들 수 있다. 따라서 품질 보증을 위해 제조 부서는 현장의 윤리적인 분위기를 조성하고 구성원들이 각자의 능력을 발휘해 일의 보람을 느끼며 스스로 성장할 수 있도록 만들어야 한다. 특히 현장에서 일선 감독자의 역할은 매우 중요하다. 생산성을 높이고 품질을 확보하기 위해서는 무엇보다 관리 감독자가 자율적이면서도 신바람 나게 현장을 이끌 수 있도록 해야 한다.

제조 부서의 조직 편성

현장 관리에서 가장 중요한 것 중 하나는 감독자가 관리하는 인력의 규모다. 감독자가 몇 명을 관리하도록 하느냐 하는 문제는 제조 부서의 조직 편성에 있어서 가장 중요한 의사 결정 사항이다. 일반적으로 제조 업체들은 종전까지 현장 감독자가 20~30명씩의 작업 인력을 관리하도록 했다. 그러나 이렇게 많은 인원으로 구성된 조직에서는 라인 작업으로 이뤄지는 생산 활동만 할 수 있을 뿐 작업자 육성이나 개선 활동까지 소화하기란 거의 불가능하다.

작업 개선을 위해서는 현장 조직을 더 쪼개야 한다. 그래야 작업을 정기(직접) 작업과 부정기(간접) 작업으로 나누고 낭비 작업을 줄일 수 있다. 또한 작업자의 일과 감독자의 일을 명확히 구분해 작업을 실시할 수 있다. 이에 따라 도요타는 현장 운영 조직을 반장 1명에 작업자 5~7

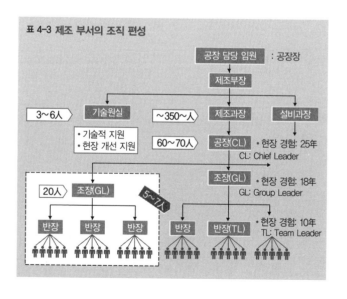

표 4-3 제조 부서의 조직 편성

명으로 편성하고 있다. 이를 통해 작업 이상, 품질 불량, 결근과 같은 특수 상황에 효과적으로 대응하고 교육과 현장 개선 활동을 효율적으로 실시하고 있다.

반장과 조장의 업무

도요타 제조 부서는 각 감독자의 일상 업무를 명확히 해 현장을 운영하고 있다. 일반적으로 현장 감독자는 반장과 조장으로 구분한다. 먼저 반장(Team Leader, TL)은 작업자의 직속 상사로 현장에서 일선 플레잉 리더(playing leader)로 활동한다. 반장에겐 무엇보다 부하와의 커뮤니케이션이 가장 중요한 업무다. 이를 통해 반장은 매일 생산량과 품질을 달성하고 안전을 확보하며 현장을 개선해가야 한다. 반장의 일상적인 업무를 기계와 설비를 가동하기 전, 가동 중일 때, 가동이 종료된 후로 나눠 상세히 소개하면 〈표 4-4〉와 같다.

이와 같은 절차를 통해 제조 부서의 반장은 매일의 생산 활동이라는 기본적인 임무를 충실히 이행한다. 나아가 팀 멤버들의 기술과 역량을 더욱 높이는 육성 활동과 공정의 문제를 해결하고 효과성을 높이는 개선 활동에

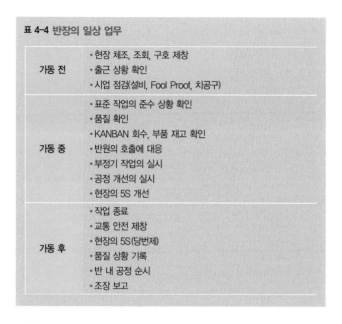

표 4-4 반장의 일상 업무

가동 전	• 현장 체조, 조회, 구호 제창 • 출근 상황 확인 • 시업 점검(설비, Fool Proof, 치공구)
가동 중	• 표준 작업의 준수 상황 확인 • 품질 확인 • KANBAN 회수, 부품 재고 확인 • 반원의 호출에 대응 • 부정기 작업의 실시 • 공정 개선의 실시 • 현장의 5S 개선
가동 후	• 작업 종료 • 교통 안전 제창 • 현장의 5S(당번제) • 품질 상황 기록 • 반 내 공정 순시 • 조장 보고

표 4-5 반장의 주요 세 가지 업무

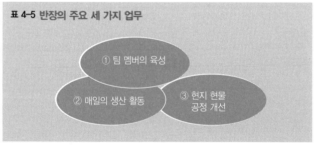

① 팀 멤버의 육성

② 매일의 생산 활동

③ 현지 현물 공정 개선

힘쓰고 있다. 반장이 결근자 대신 제조 라인에 투입된 경우에는 조장(Group Leader, GL)이 반장의 업무를 대행한다.

표 4-6 감독자의 일상 업무 확인표

조장의 일상 업무 확인표 ○○월								부서명: 조장명:				
업무 항목		1	2	3	4	5	6	~	28	29	30	31
시 업 시	① 현장 체조, 조회											
	② 업무연락, 생산지시											
	③ 작업자의 출근상황 확인											
오 전	① 시업 점검(설비, 작업장)							~				
	② 품질확인(초물, 정기 측정)											
	③ 공정확인(신입, 중요 공정)											
오 후	① 현장 개선의 실시											
	② 품질 불량 대책											
	③ 현장의 4S 확인											
	④ 잔업 지시											
잔 업	① 일보 작성, 상사 보고											
	② 현장의 최종 확인 후 귀가											
	③ (QC Circle 활동 참가)											

도요타는 이때 조장이 반장 역할을 잘 수행할 수 있도록
일상 업무 확인표를 활용하도록 하고 있다.

아침 미팅의 실시

관리 감독자의 또 다른 중요한 임무는 아침 미팅을 주재
하는 일이다. 반장은 매일 작업 개시 전 소속 조직 전원이
함께 모이는 미팅을 이끈다. 보통 반장은 사전에 미팅에

서 말할 내용을 정리해 5분 내에 미팅을 끝낸다. 이때 반장은 상사의 지시 사항과 관계 부서로부터 얻은 정보를 전달한다. 지시 사항은 생산 기종이나 생산량에 대한 내용이 일반적이며 품질에 관한 이슈가 포함되기도 한다. 또한 도요타의 각 현장마다 매일 아침 이뤄지는 아침 미팅에서 관리 감독자와 작업자들은 다함께 구호를 제창한다. 작업을 개시하며 구호를 외침으로써 팀의 행동 목표에 대해 전원이 의식을 고취하는 것이다. 보통 팀 전원이 원을 그리고 서서 리더가 행동 목표를 외치면 전원이 구호를 제창하는 형태로 이뤄진다. 또한 점심식사 후 오후 작업을 시작할 때도 구호를 제창하면서 작업을 시작한다.

좋은 프레임으로 좋은 품질을 만든다

물건 만들기는 사람 만들기다. 그러나 이 말이 사람마다 다를 수밖에 없는 차이를 용인해도 된다는 뜻은 아니다. 좋은 사람이 더 일을 좋게 할 수 있도록 도요타 제조 부서는 여러 작업표준서를 활용하고 있다. 즉 제조 부서 산하 팀마다 각종 작업표준서를 반드시 작성하도록 해 작업하는 내용을 작업자별로 명확히 하고 있다.

제조 현장에는 작업자마다 물건을 만드는 방법의 규칙이 필요하다. 그 규칙의 표준이 바로 작업표준서다. 작업표준서대로 작업을 실시하면 누가 작업을 하더라도 동일한 품질의 제품이 만들어진다. 또한 표준 작업을 준수함으로써 생산량을 확보하고 품질을 확보할 수 있다. 또한 작업표준서를 준수하며 작업을 하면 안전까지 확보할 수 있게 된다.

작업표준서의 효과는 이뿐만이 아니다. 작업표준서가 없으면 현장 작업이 정상인지 비정상인지 알 수 없다. 기준이 없기 때문이다. 다시 말해서 작업표준서가 없으면 상황을 정확히 파악할 수 없으므로 작업 개선도 어려워진다. 또한 작업표준서는 현장 개선의 도구가 된다. 표준 작업이 지켜지면 작업 이상, 즉 불량이 발생한 경우 원인을 빠르고 정확하게 찾을 수 있으며 이에 따라 재발 방지역시 쉽게 성공할 수 있다. 도요타에서는 작업표준서를 보통 〈표 4-7〉과 같은 내용으로 구성한다.

표 4-7 작업표준서의 내용

① 공정별 능력표	각 공정, 설비의 생산 능력을 나타낸다
② 작업요령서 (요소작업표)	작업 방법, 주의점, 작업 시간을 기재한다
③ 표준 작업 지도서 (순서서)	각 요소작업의 순서, 작업 순서를 나타낸다
④ 표준 작업표	작업자의 작업범위와 동선을 도식화한 장표다
⑤ 표준 작업 조합표	각 공정의 수작업, 보행 시간 등을 명확히 하여 'Tact Time' 내에서의 작업 내용을 나타낸다(작업 개선의 장표로 활용한다)
⑥ 산적표	각 작업자의 작업 시간을 공정별로 표시한다
⑦ 품질 체크 표준서	각 공정의 품질 체크 내용, 빈도를 나타낸다 품질관리부가 작성하여 제조 부서와 협의하여 결정한다

제조 부서 감독자는 보통 다음 절차에 따라 작업표준서를 작성한다.

① 작성용 기본 자료 준비

② 부품의 가공, 분해, 조립 등 작성 대상이 되는 작업 실시

③ 대상 설비의 조작, 작업용 공구 및 치구 확인

④ 작업 시간 측정 및 품질 확인

⑤ 작업표준서 작성(준수할 수 있는 작업요령서 작성)

표 4-8 각 표준서의 작성 및 사용 구분

표준 작업의 분류	표준 작업 Type I	표준 작업 TypeII	표준 작업 TypeIII
공정명	기계 · 프레스 · 성형 · 차체	조립 · 도장 · 차체(셀)	운반 · 금형교체 · 공구 교환
작업 내용	표준 작업의 3요소, Tact Time, 작업 순서, 표준 재고를 이용하여 반복적으로 실시하는 공정에서 사용	Tact Time의 산출이 가능한 작업 조합 종류가 많아 1인 작업량이 복잡한 작업공정에서 사용	Tact Time을 산출할 수 없고, 비 반복적인 작업을 실시하는 공정에서 사용
작업량의 기준	Tact Time	Tact Time(가중평균 · 평준화 생산)	정시가동시간
① 공정별 능력표	●		
② 작업요령서 (요소작업표)	●	●	●
③ 표준 작업 지도서(순서서)	O	●	
④ 표준작업표	●	●	●
⑤ 표준작업 조합표	●	●	
⑥ 산적표	●	●	●
⑦ 품질 체크 표준서	●		

● : 작업표준서의 작성   O : 필요에 따라 작성

여기에는 작업 시간 절감 요령, 품질 체크 방법 등이 포함되며 보통 작업자와 설비별로 작성한다. 이와 같은 방법으로 감독자가 작업표준서를 작성하면 제조 부서 담당기술자가 이를 확인한다. 그다음엔 각 제조과장이 승인한다.

감독자는 작업표준서를 작성하는 데 그치지 않고 이 내용을 바탕으로 작업자들에게 작업에 대해 확실히 교육해 표준 작업을 확실하게 준수하도록 해야 한다. 이때 실행이 어렵거나 지키기 힘든 작업은 반드시 개선해야 한다. 또한 이와 같은 작업의 실행 과정을 잘 관찰하는 것도 감독자가 놓치지 말아야 할 임무 중 하나다.

[참고]
작업표준서 작성을 위한 기본 자료

- 도면, 기술지시서(설계 부서)

- 공작도(생산 준비부서)

- 설비 취급 설명서(작성: 설비 메이커)

- 검사법, 한도견본(품질관리부)

- 과거 발생 불량의 재발 방지 자료(품질관리부)

표 4-9 표준 작업 준수 사이클

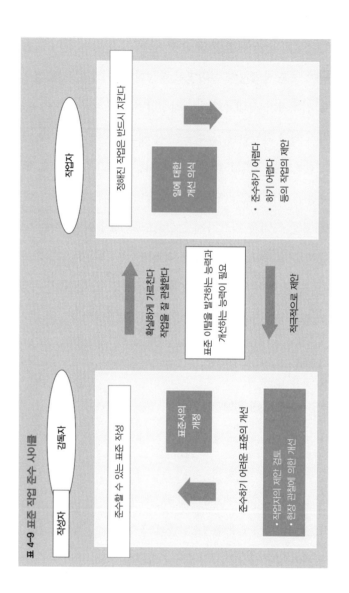

작업자

정해진 작업은 반드시 지킨다

일에 대한
개선 의식

· 준수하기 어렵다
· 하기 어렵다
등의 작업의 제안

확실하게 기른다
작업을 잘 관찰한다

표준 이탈을 발견하는 능력과
개선하는 능력이 필요

적극적으로 제안

감독자

작성자

준수할 수 있는 표준 작성

표준서의
개정

준수하기 어려운 표준의 개선

· 작업자의 제안 검토
· 현장 관찰에 의한 개선

표준 작업을 위한 도구를 관리한다

좋은 품질의 제품을 안정되게 계속 만들려면 표준 작업의 준수가 필요하다. 그런데 제품은 사람과 설비에 의해 제조된다. 따라서 표준 작업을 위해서는 사람과 함께 설비를 표준 작업이 가능하도록 관리해야 한다. 자가 다르다고 같은 길이를 똑같이 측정하지 못한다면 표준 작업은 성공할 수 없다. 따라서 설비의 조건을 관리하고 치공구와 게이지 등의 유지 관리를 철저히 해 항상 좋은 제조 상태를 유지하는 것이 필요하다.

먼저 설비의 조건을 관리해야 한다. 집에서 전기밥솥으로 밥을 지을 때 똑같은 쌀을 똑같이 퍼서 똑같은 물을 집어 만든다고 해도 그때마다 완성된 밥의 상태는 조금씩 다르다. 하물며 수많은 부품과 재료들의 조합을 통해 자동차를 만들 때 설비의 조건이 달라진다면 완성된 자동차의 품질이 들쑥날쑥할 수 있다. 생산 준비 부서는 '가공 조건 지시서'를 발행해 설비의 가공 조건과 구체적인 관리 방법을 정한다. 그러면 보전 부서와 제조 부서는

해 설비의 조건 관리에 관한 사항들을 확

인한다. 항목은 온도, 압력, 회전 수, 속도, 전압, 액체량, 액체 오염 정도 등이 있으며 항목, 규격, 측정 도구, 확인 빈도, 기록 방법을 정해 관리한다. 또한 설비에 관한 일상적인 관리는 제조 부서에서 담당하고, 제조 부서에서 실시할 수 없는 항목들은 보전 부서에서 정기적으로 점검한다. 치수를 재는 치공구의 관리도 중요하다. 제조 공정에서는 매우 다양한 치구와 공구를 사용하게 되는데 이를 정기적으로 점검해야 한다. 정확한 치수는 표준을 위한 기본 중의 기본이기 때문이다. 각종 측정기기 역시 마찬가지다. 품질을 확인하기 위한 게이지의 취급이나 보수 관리가 필요하다. 특히 변형이나 손상을 방지하고 먼지나 녹이 없도록 관리해야 한다.

일상점검표 활용

도요타는 설비 조건을 치밀하게 관리하기 위해 〈표 4-10〉과 같은 일상점검표를 활용하고 있다.

표 4-10 설비 일상점검표

설비 일상점검표

• 설비명 :
• 사용 부서명 :

년　　월

No	항목	1	2	3	4	5	6	7	8	9	10	11	12	13	14	15
1	설비의 4 S(설비를 깨끗하게 유지한다)															
2	체결 확인(볼트, 너트)															
3	급유 : 운활유, 작동유…															
4	에어 3점 세트															
5	각종 메타															
6	에어, 기름, 가스, 물 등의 누수															
7	설비의 작동, 진동, 이음, 악취															
8	이상 검출 센서, 스위치의 조정															
9	공압 유압, 가스압 등의미세 조정															
10	벨트, 체인의 장력 조정															
	• 점검자															
	• 확인자(감독자)															
	• 불량 발생 · 처치															

범례 :　○ 이상 없다　△ 이상 경향 있다　X이상 처치

• 일상 보전은 5S를 포함하여 사용 부서(제조 부서)가 실시

• 일상 점검을 실시하는 경우는 보전부서에게 교육을 받는다
① 설비의 작동과 각 개별 조작 방법
② 설비와 품질의 관계
③ 간단한 이상 처치
④ 가공 조건의 체크
⑤ 일상 보전의 작업 안전

• 실시 시간은 3~5분 정도(최대 10분)

• 이상 발견의 경우 복귀 작업, 간단한 수리를 실시

설비 가공개소의 설치와 관리

설비로 가공하는 경우에는 가공하고 있는 개소가 보이지 않으면 정상인가 비정상인가의 상태를 확인할 수 없다. 이런 문제를 해결하기 위해 가공하고 있는 가공개소(가공점)를 알 수 있도록 하는 설비를 만들어 활용하고 있다.

치구(공구) 툴의 관리

제조 공정에서는 여러 가지 치구와 공구를 사용하기 때문에 이에 대한 정기적인 점검과 교환이 필요하다. 이에 따라 치구는 사용에 의해 마모, 유격, 파손 등이 발생하기 때문에 반드시 정기적으로 확인하고 수정이나 교환을 실시한다. 치구의 관리 항목에는 위치, 거리, 유격, 마모, 파손 등이 있다.

용접 칩 등의 툴은 반드시 가공 수를 관리하고, 빈도를 정해 교환을 실시하는데 이를 위해 자동 카운터를 설치하는 경우가 많다. 툴을 교환할 때는 반드시 품질 체크 표준서를 바탕으로 제품의 '종물' 과 '초물' 의 품질을 확인한다. 교환용 툴의 관리는 툴의 정도와 홀더에 셋팅 공정에서의 품질 확인이 중요한데 주요 확인 내용은 다음과 같다.

- 날끝: 이지러짐, 마모 상태, 시닝 어긋남
- 편차: 각 규격치 이내일 것
- 토크: 툴의 홀더에게의 체결 토크
- 홀더: 상처, 파손

각종 게이지(측정 기기)의 관리 방법

① 취급상의 주의

- 적치: 상처 방지를 위해 부드러운 장소로 한다. (고무판, 펠트, 수지 등)
- 보관: 중첩 금지, 설비 위 등 온도가 높은 곳에 두지 않는다.
- 기타: 상처가 나면 교환한다. 떨어뜨린 경우는 교환 또는 정도를 확인한다.
- 녹, 먼지 등에서 작동 불량의 원인이 되므로 주의한다.

② 사용상의 주의

• 합격증이 없는 것, 유효 기간이 지난 것은 사용하지 않
는다.

표 4-11 주요 게이지의 주의 사항

C 게이지 (집게 게이지)	• 자중으로 '들어감'에 들어가고 '멈춤'에 멈추도록 해 무리한 힘으로 게이지를 밀어넣지 않는다
P·L 게이지 (플러그·폭 게이지)	• 쓰레기, 절삭 칩의 부착, 상처 등이 없다 • 무리한 힘으로 게이지를 밀어넣지 않는다
AP 게이지	• 약연부 및 에어 분사 홀에 쓰레기나 이물질 부착을 방지하여 깨끗이 유지한다
다이얼 게이지	• 약연부 및 에어 분사 홀에 쓰레기나 이물질이 없도록 깨끗이 한다
EP 게이지 (전기 마이크로 게이지)	• 측정 주변의 오염, 이물질 부착이 없다 • 배율 손잡이는 마음대로 변동시키지 않는다
총형(MLF) 게이지	• 취급 지시서대로 실시할 것

표 4-12 현장 운영을 위한 5대 임무

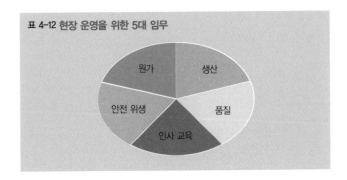

행동을 보여줌으로써 품질을 높이다

실제로 제품을 제작하는 제조 부서는 회사에서 가장 중요한 기능을 담당한다. 도요타는 이들 제조 부서가 현장 운영을 위해 해야 할 5대 임무를 〈표 4-12〉와 같이 정확히 규정하고 있다.

도요타는 이와 같은 5대 임무에 대해 현장에서 누구나 확인할 수 있도록 정보 코너를 설치해 운영하고 있다. 즉 도요타 제조 부서는 가시화를 위한 독특한 방안을 실천한다. 특히 품질에 대해서는 품질 코너를 운영함으로써 날마다 품질 상황을 관리하고 있다. 직원들의 눈에 가장 잘 띄는 현장의 주요 장소에 매일 변화되는 정보를 반드시 기재해 추상적 관념으로 느껴지기 쉬운 5대 임무를 피부에 와 닿는 실체로 인식하도록 하는 것이다. 이를 통해 직원들은 5대 임무는 물론 중점 관리 항목의 현황을 확인하며 자신들이 해야 할 임무를 잘 수행하고 있는지 자율적으로 점검하게 된다.

표 4-13 제조 부문의 5대 임무 내용

구분	목표 및 내용	중점 관리 항목
생산	생산량 달성	• 월간 생산 계획, 실적 • 인원 계획(공정 변경) • 작업표준서 작성 • 설비 보전(일상 점검) • 공정 개선
원가	원가 절감 및 생산성 향상	• 원가 절감 목표 달성 • 생산성의 향상 • 원가 회의
품질	품질 유지 및 향상	• 품질 개선 목표 달성 • 품질의 달성 활동 • 4M 변화점 관리 • 품질 회의
안전 위생	무재해 현장 유지	• 안전 활동 • 무재해 현장의 유지 • 5S의 철저 준수 • 돌발사고 방지 제안 • 안전, 위생 회의
인사 교육	조직, 규율, 교육, 능력 향상	• 부하의 지도, 육성 • 다능공화 • QC Circle 활동(소집단 분임조) • 활기찬 현장 만들기

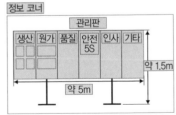

도요타 제조 부서에서 운영 중인 정보 코너

이와 같은 정보 코너에는 매일 바뀌는 정보를 수시로 업데이트해 게재하는데 특히 구성원 전원이 관심을 갖는 정보를 게재하는 것이 중요하다. 예를 들어 품질 관리판에는 불량 발생 상황과 대책, 공정 확인 실시 안내 등을 매일 기록하고 있다. 이는 품질과 직결되는 내용이니만큼 구성원들 모두에게 초미의 관심이 된다.

이처럼 도요타는 자칫 형식적인 보여주기 식 정책으로 끝나기 쉬운 정보 코너를 실효성 있게 운영해 눈으로 보기 힘든 품질이라는 문제를 눈으로 볼 수 있도록 하고 있다. 이를 통해 직원들은 품질을 먼 얘기, 나중에 해결해도 될 문제가 아니라 지금 당장 풀어야 할 문제로 인식하

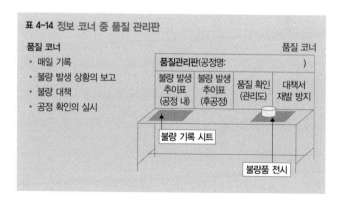

표 4-14 정보 코너 중 품질 관리판

고 있다.

자신의 행동과 행동의 결과들을 눈으로 볼 수 있도록 함으로써 최고의 품질을 위한 자발적 노력을 촉진하는 도요타의 방식은 품질 확인 결과의 가시화로 이어지고 있다. 도요타는 가공 공정에서 품질을 확인한 결과를 누구나 볼 수 있도록 한다. 매일 생산하는 제품의 품질 결과 이력을 전시하는 방식을 통해 불량품의 발생 범위와 불량 발생까지의 경과를 알 수 있으며 불량품의 재발 방지 대책에 유용하게 활용하고 있다.

사례를 통해 좀 더 구체적으로 전시 방식의 실행 방법을 살펴보자. 먼저 시간대별로 품질을 확인한 제품을 전시하는 방법이 있다. 가장 일반적인 방식이다.

품질 체크대도 도요타에서 쓰는 전시 방식 중 하나다. 기계 가공 공정 등에서 품질 체크 장소를 정해서 운영하는 경우, 측정한 제품을 다음 측정까지 일부러 남겨둔다. 이를 통해 이전의 품질 확인 결과를 이후 작업 시 편하게 확인할 수 있다.

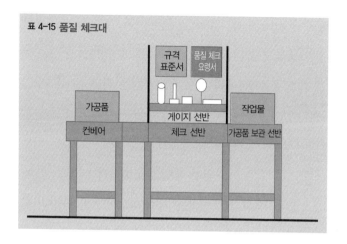

표 4-15 품질 체크대

규격 표준서 　품질 체크 요령서

가공품

게이지 선반

작업물

컨베어　체크 선반　가공품 보관 선반

　또한 스폿 용접 공정에서 전극의 교환 빈도를 관리하는 경우에도 전극관리판을 통해 이를 가시화해 품질 확인 결과를 손쉽게 공유할 수 있도록 하고 있다.

상습 불량 구역을 집중 관리한다

정치는 생물이라는 말이 있다. 정치를 둘러싼 처한 환경이 수시로 변하기 때문에 정치인의 입장과 관계는 수시로 바뀐다는 뜻이다. 마찬가지로 제조 공정도 살아 있다.

제조 공정에 변화가 없으면 품질이나 안전 등에서 문제는 발생하지 않을 것이다. 그러나 실제로 제조 공정은 매일 변한다. 어제와 똑같은 제조 공정은 결코 존재하지 않는다. 일하는 사람이 바뀌고 설비와 기계에도 변동이 생긴다. 부품과 재료 역시 매일매일 똑같을 순 없다. 작업 방법도 더 좋은 것을 찾아 끊임없이 변한다.

그런데 이와 같은 변화는 불량이라는 품질 관리의 난제를 만든다. 매일매일 일어나는 제조 공정의 변화는 특히 작업마다 교체해야 하는 설비에 오버 홀이 발생하거나 설비 갱신이나 설계 변경 등으로 인해 물건이 바뀔 때 특히 많이 발생한다. 도요타는 이처럼 제조 공정을 바꾸는 포인트를 변화점으로 규정해 변화점에 변화가 일어난 경우 반드시 공정 확인과 제품 확인을 실시하고 있다. 도요타 내부적으로는 제조 공정의 변화를 일으키는 이 네 가지 요소를 영어 앞 글자를 따서 '4M'이라 부르고 있다. 운전자를 피곤하게 만드는 상습 정체구역처럼 4M은 불량이 일어날 가능성이 높은 원인이라 할 수 있다.

도요타 제조 부서는 변화점 관리판을 제작해 공정 변

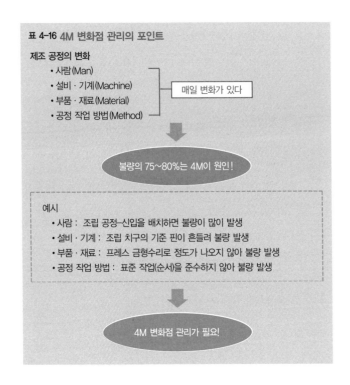

표 4-16 4M 변화점 관리의 포인트

제조 공정의 변화

- 사람(Man)
- 설비 · 기계(Machine)
- 부품 · 재료(Material)
- 공정 작업 방법(Method)

매일 변화가 있다

불량의 75~80%는 4M이 원인!

예시

- 사람 : 조립 공정–신입을 배치하면 불량이 많이 발생
- 설비 · 기계 : 조립 치구의 기준 핀이 흔들려 불량 발생
- 부품 · 재료 : 프레스 금형수리로 정도가 나오지 않아 불량 발생
- 공정 작업 방법 : 표준 작업(순서)을 준수하지 않아 불량 발생

4M 변화점 관리가 필요!

화가 있는 경우 공정 확인, 제품의 확인을 매일 실시한다. 이를 '4M 관리'라고 부른다.

구체적으로 4M 변화점에서 관리해야 할 항목은 〈표 4-17〉과 같다.

표 4-17 4M 변화점에서 관리해야 할 항목

사람 (Man)	로테이션, 지원, 감독자 변경, 휴가, 돌발 휴가, 라인 정지와 재 기동
설비 · 기계 (Machine)	신설 · 갱신 공사, 개조, 수리, 설비 이설, 금형 변경, 금형 갱신, 공구 · 치구 · 공구 변경교환, 정기 점검, Fool Proof 장치의 변경 · 이설, 파손, 고장, 이상
부품 · 재료 (Material)	설계 변경, 소재 변경, 재료 변경, 보조재 변경, 이상 처치
공정 작업 방법 (Method)	공정 변경, 조건 변경, 공법 변경, Tact Time 변경, 라인 변경, 계절 변동

불량품은 나오는 즉시 박멸한다

불량품을 만들지 않는 것만큼 중요한 것은 불가피하게 발생한 불량품을 철저하게 관리하는 일이다. 도요타 제조 부서라도 해도 불량품은 만들어진다. 품질에 관한 한 완벽한 제조 공정은 있을 수 없기 때문이다. 그러나 도요타는 이미 태어난 불량품을 빈틈없이 관리한다. 즉 제조 공정 내에서 발생한 불량품의 현품 관리를 확실히 실시해 재발 방지에 만전을 기하고 있다.

먼저 각 제조 공정마다 불량품 적치 장소를 미리 정한 후 재료 불량과 가공 불량으로 나눠 관리한다. 재료 불량은 전 공정의 책임으로 발생한 불량품이고, 가공 불량은 자공정의 책임으로 발생시킨 불량품이다. 재료 불량인 불량품은 품질관리부에 전달하며 재발 방지를 요청하고, 재료 불량인지 가공 불량인지 판단하기 곤란한 경우에는 품질관리부가 판정한다. 또한 불량품 관리는 각 제조 공정의 감독자가 직접 실시한다. 도요타는 감독자들을 통해 불량품 적치 장소 확인과 재발 방지 활동을 매일 반드시 실시하고 있다.

멈출 곳에서 멈춘다

모든 조립 라인은 컨베이어 속도에 의해 작업량이 정해진다. 따라서 작업자의 작업 범위를 명확히 하는 문제는 도요타에도 존재한다. 작업 범위가 불명확하면 작업이 늦어지고 작업의 진척 정도를 알 수 없다. 도요타 제조부서는 이를 위해 정위치 정지 라인 방식을 운영한다. 이 방식을 통해 작업에 이상이 발생한 경우 감독자의 대응 방법을 표준화하는 것이다.

정위치 정지 라인으로 우선 작업자의 작업 위치를 명확히 한다. 작업 지연이나 품질 불량 등의 이상이 발생한 경우 작업자는 반드시 감독자를 호출해야 하고 감독자가 이 문제에 대응한다. 대응하지 못하는 경우 조립 라인은 자동 정지해 불량의 제품을 유출하지 않도록 한다. 현재 도요타에서는 차량, 보디, 유니트 제조 조립 라인에서 이 방식을 실시하고 있다.

정위치 정지 라인의 운영 방법을 살펴보자. No.3 작업이 기준이다(〈표 4-18-1〉, 〈표 4-18-2〉 참조).

① 작업 시작

공정 No.2에 있는 차량이 공정 No.3로 이동(차량의 프런트 타이어의 중심이 정위치 정지선으로 이동)한 시점에서 작업자는 작업을 시작한다.

② 작업 종료

작업하고 있는 차량이 다음 공정 No.4의 정위치 정지선

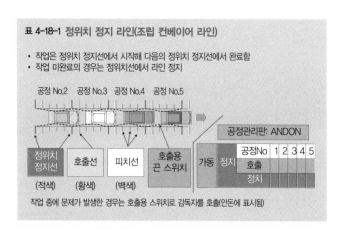

표 4-18-1 정위치 정지 라인(조립 컨베이어 라인)

- 작업은 정위치 정지선에서 시작해 다음의 정위치 정지선에서 완료함
- 작업 미완료의 경우는 정위치선에서 라인 정지

공정 No.2 공정 No.3 공정 No.4 공정 No.5

공정관리판: ANDON

		공정No	1	2	3	4	5
가동	정지	호출					
		정지					

정위치 정지선	호출선	피치선	호출용 끈 스위치
(적색)	(황색)	(백색)	

작업 중에 문제가 발생한 경우는 호출용 스위치로 감독자를 호출(안돈에 표시됨)

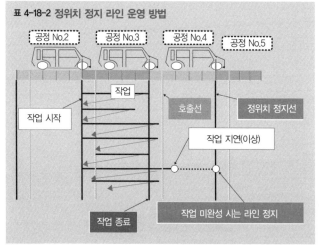

표 4-18-2 정위치 정지 라인 운영 방법

공정 No.2   공정 No.3   공정 No.4   공정 No.5

작업

작업 시작

호출선

정위치 정지선

작업 지연(이상)

작업 미완성 시는 라인 정지

작업 종료

에 도착할 때까지 작업을 종료한다.

③ 작업 지연 및 품질 이상 발생 시 처리

다음 공정인 No.4의 정위치 정지선에 도착해서도 작업이 종료하지 못할 때는 호출 선까지 작업을 하고 이 이상 늦은 경우는 감독자를 호출한다. 호출된 감독자가 이상을 처리한다. 이상 처리가 공정 No.5의 정위치 정지선에서도 종료하지 않는 경우에는 자동적으로 조립 라인을 정지하고 이상 처리 작업을 지속해 불량품을 유출하지 않는다.

조립 라인 내에서 품질을 보증한다

도요타의 차량 조립 라인은 1개의 라인이 아니라 여러 가지 라인이 있다. 이 각각의 라인에서 부품을 조립해 완성

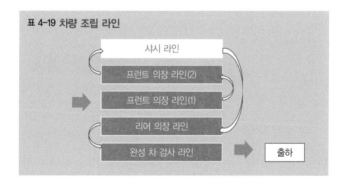

표 4-19 차량 조립 라인

샤시 라인

프런트 의장 라인(2)

프런트 의장 라인(1)

리어 의장 라인

완성 차 검사 라인 → 출하

차를 만든다.

차량의 각 기능에 관계하는 부품들을 여러 가지 라인에서 분산 조립하면 기능별 품질을 보증할 수 없다. 이에 따라 도요타는 조립 라인 내에서 품질을 보증할 수 있는 라인의 편성을 하고 있다. 이것이 바로 도요타의 자공정 완결 공정이다.

자공정 완결 공정을 위해서는 부품 완결, 서브 그룹 완결, 기능 완결의 세 가지가 필요하다. 첫째, 부품 완결은 부품, 즉 품번 단위의 조립 공정을 1공정 내에서 완료시키는 것을 말한다. 이를 위해 가조립과 본조립의 공정 분리를 금지하고, 하나의 부품을 분리한 공정으로 분산시키지 않는다. 둘째, 서브 그룹 완결은 기능 계통의 부품을 기능별로 분류해 반 또는 조의 그룹 내에서 조립을 완료하는 것을 말한다. 셋째, 기능 완결은 동일 기능 계통의 서브 그룹 부품의 조립을 라인별로 완료해 각 기능의 품질을 보증하는 것이다. 이를 위해서는 각 라인에 기능의 최종 품질 확인 공정을 설치해야 한다.

또한 제조 공정에서 품질을 확보하려면 작업자가 표준

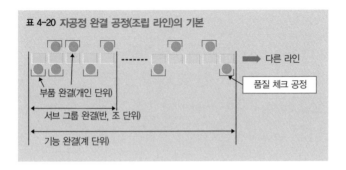

표 4-20 자공정 완결 공정(조립 라인)의 기본

다른 라인

품질 체크 공정

부품 완결(개인 단위)

서브 그룹 완결(반, 조 단위)

기능 완결(계 단위)

작업을 반드시 준수해야 하는데 이를 위해 도요타는 작업자 스스로 자신이 표준 작업을 준수하고 있는지 확인할 수 있는 품질 확인 시간을 운영하고 있다. 이를 통해 작업자는 자신의 작업 내용을 자신이 직접 확인할 수 있다. 작업 시작 후 1시간마다 품질 확인 시간을 실시한다. 이때는 라인을 정지하거나 작업을 중단한 후 제품의 품질 확인을 실시한다. 품질 확인 시간은 2분 이하로 운영되며 품질 확인 항목별로 품질 확인표를 작성해 관리하고 있다.

찰나의 착각까지 관리한다

실수로 가스 밸브를 잠그지 않아도 일정 시간이 지나면 저절로 잠기는 자동 장치처럼 표준 작업대로 조작하지 않는 실수를 막아주는 것이 풀 프루프(Fool Proof)다. 풀 프루프를 설치하는 이유는 작업자가 표준대로 작업을 해도 순간적인 착오나 망각 등으로 불량품을 발생시키는 경우를 방지하기 위함이다. 다시 말해 풀 프루프는 순간적인 실수에 의한 불량을 방지함은 물론 발생한 경우에는 즉시 불량을 알 수 있도록 하는 도구다.

이와 같은 풀 프루프는 여러 제조 업체에서 다양한 방식으로 실천되고 있는데 도요타의 풀 프루프는 크게 사람의 오감을 활용하는 방법과 기계 구조에 의한 방법의 두 가지가 있다.

도요타 제조 부서는 먼저 사람이 가진 다섯 가지 감각을 활용해 착각의 찰나에도 작업자를 각성하게 한다. 즉 시각, 청각, 촉각, 후각, 미각을 통해 잊고 있는 걸 기억하게 하거나 착각을 방지하는 것이다. 구체적으로는 색상 표시나 식별 마크를 하는 방법, 유사 부품이나 재료 등이 근처에 있는 경우 칸막이로 별도 공간을 만드는 방법, 손의 감각을 이용해 식별할 수 있도록 하는 방법, 눈에 띄게 주의 사항을 크게 표시하는 방법 등을 활용하고 있다.

기계 구조에 의한 방법에도 여러 가지가 있다. 불량품은 아예 치구나 설비에 장착되지 않도록 하는 방법, 불량이 발생하면 기계가 저절로 멈추게 하는 방법, 작업 실수가 일어나면 설비가 움직이지 않도록 하는 방법, 작업 누락이 있으면 다음 공정에서 설비가 멈추도록 하는 방법, 설비를 오용하면 경고를 하는 방법 등이 자주 활용되고

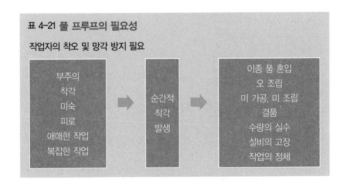

표 4-21 풀 프루프의 필요성

작업자의 착오 및 망각 방지 필요

부주의
착각
미숙
피로
애매한 작업
복잡한 작업

순간적
착각
발생

이종 품 혼입
오 조립
미 가공, 미 조립
결품
수량의 실수
설비의 고장
작업의 정체

있다. 특히 풀 프루프 장치가 작동된 경우에는 기계나 설비의 정지와 함께 경고음이 나거나 램프를 깜빡이도록 해 작업자가 쉽고 빠르게 알 수 있도록 한다. 또한 기계장치의 풀 프루프에 대한 일상 점검을 확실하게 함으로써 풀 프루프의 오작동을 미연에 방지하고 있다.

품질을 위한 팔방미인을 키운다

물건을 만드는 것은 결국 사람이므로 물건 만들기는 사람 만들기다. 작업자의 능력과 기능이 향상되며 작업을 통해 일의 보람을 느낄 때 품질은 저절로 올라가기 마련이다. 그런데 종전까지는 제조 공정별로 작업자가 정해져 있고, 자신이 맡고 있는 공정에서 숙련도를 최대한 높이는 것이 작업자는 물론 회사 전체에 도움이 된다고 여겨왔다. 그러나 이와 같은 테일러리즘은 이미 여러 부작용을 낳는다는 사실이 입증되었다.

그래서 도요타는 다능공화(多能工化)를 지향한다. 작업

자들이 각자 여러 공정을 섭렵하면서 다양한 역량을 기를 수 있게 하는 것이다. 즉 다능공화란 품질을 위한 팔방미인을 키우는 제도다. 다능공화를 통해 작업자가 여러 공정의 작업을 할 수 있게 되면 생산량 변동에도 효율적으로 대응할 수 있고 신입사원이나 결근자 등 인력 이슈에도 탄력적인 해법이 된다. 또한 생산량과 품질을 확보하는 데도 도움이 된다. 서로 다른 작업 내용을 함께 이해하면서 각 공정의 문제점을 표면화하고 같은 작업을 반복하면서 생기는 매너리즘도 막을 수 있기 때문이다.

도요타는 이 밖에도 다능공화를 통해 다양한 효과를 얻어내고 있다. 먼저 작업자 간의 협력을 유도하고 있다. 자신의 공정에만 머무는 우물 안 개구리 대신 더 넓은 시야로 제조 공정 전체를 조망하는 작업자들은 상대방에 대한 이해와 배려를 실천한다. 이 과정에서 작업 개선을 자발적으로 추진하고, 표준 작업 준수를 위한 역량도 저절로 높아진다.

다능공화에 성공하기 위해선 무엇보다 교육을 계획적으로 시행하는 것이 중요하다. 도요타는 작업자 1인당 3

공정 이상을 수행할 수 있도록 한다는 다능공 목표를 세워 작업자 교육에 힘쓰고 있다. 이를 위해 작업 능력 향상을 위한 실무 교육은 물론 일의 보람과 의미를 스스로 찾아갈 수 있도록 하는 리더십과 철학도 교육하고 있다. 이와 같은 교육을 통해 작업자들은 서로의 작업 내용을 이해할 수 있게 되고, 상대방에 대한 지원과 배려를 익힌다. 또한 'Job Rotation'을 매일 실시함으로써 다능공화는 물론 이를 통한 개선을 지속적으로 추진하고 있다.

표 4-22 다능공화 추진을 위한 작업자 역량 관리표

No	공정명 작업 내용	성 명				
		A	B	C	D	E
1	엔진 탑재	⊕	⊕	⊕	⊕	⊕
2	리어 액슬 탑재	⊕	⊕	⊕	⊕	⊕
3	배기관 취부	⊕	⊕	⊕	⊕	⊕
4	타이어 취부	⊕	⊕	⊕	⊕	⊕

평가

⊕	⊕	⊕	⊕	⊕
전혀 할 수 없다	조금 할 수 있다	거의 할 수 있다	혼자 할 수 있다	타인을 가르칠 수 있다

품질을 위한 즐거운 축제

품질을 공정에서 달성하기 위한 도요타 제조 부서의 노력은 소집단 분임조 활동으로 이어지고 있다. 'QC Circle' 활동이라고도 부르는 소집단 분임조 활동은 원래는 품질 불량 대책을 모색하기 위해 시작되었다. 그러나 지금은 품질을 좋게 하려면 현장의 여러 가지 문제를 개선하는 것이 중요하므로 품질 불량 개선에 한정하지 않고 현장에서 일어나는 모든 문제를 다룬다.

무엇보다 현장 개선은 현장에서 직접 일하는 작업자들이 스스로 하는 것이 중요하다. 이에 따라 현장의 문제점을 현장에 있는 전원의 힘으로 개선하고 해결하는 것이 바로 소집단 분임조 활동이다. 요컨대 소집단 분임조 활동은 전원 참가를 원칙으로 하는 자발적 노력을 통해 현장을 개선하는 운동(movement)이라고 할 수 있다.

소집단 분임조 활동의 목적

도요타 제조 부서는 소집단 분임조 활동을 통해 좀 더 구체적으로 다음의 네 가지 목적을 달성하고 있다. 첫째, 도요타는 분임조 활동을 통해 현장의 체질을 강화해 단결력 강한 현장을 만들고 있다. 이를 위해 작업자 전원이 참여해 현장의 모든 문제점을 해결함으로써, 품질 불량 0건에 도전하고 있다. 둘째, 개인이 스스로 자신의 능력을 향상하고 문제점을 개선할 수 있도록 하고 있다. 이런 의미에서 소집단 분임조 활동은 인재 육성의 장이자 스스로 개선할 수 있는 장이다. 셋째, 도요타의 소집단 분임조 활동은 인간성을 존중하고 일의 보람이 있는 밝은 현장 만들기를 목표로 한다. 활동을 통해 도요타의 작업자들은 상사, 동료, 스태프들과 허심탄회한 소통의 장을 펼치고 있다. 넷째, 소집단 분임조 활동은 실제로 개선에 의해 품질을 높이고, 원가를 낮추며, 안전을 유지해 회사의 발전에 기여한다.

도요타는 소집단 분임조 활동을 통해 이루고자 하는 목표를 다음과 같은 도식으로 정리해 작업자들과 공유하고 있다.

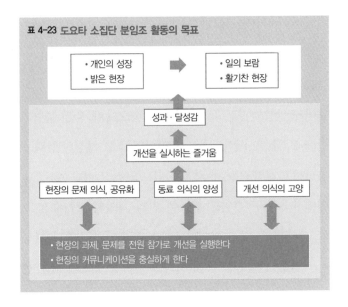

표 4-23 도요타 소집단 분임조 활동의 목표

- 개인의 성장
- 밝은 현장

➡

- 일의 보람
- 활기찬 현장

성과 · 달성감

개선을 실시하는 즐거움

| 현장의 문제 의식, 공유화 | 동료 의식의 양성 | 개선 의식의 고양 |

- 현장의 과제, 문제를 전원 참가로 개선을 실행한다
- 현장의 커뮤니케이션을 충실하게 한다

소집단 분임조의 조직

분임조 활동을 위한 조직은 회사의 정규 조직과는 별도로 한다. 실제 조직 편성은 정규 조직의 반장(TL) 단위로 하며 한 개 분임조의 구성원은 6~8명 정도가 좋다. 아무리 많아도 10명을 넘지 않아야 한다. 분임조마다 분임조 명칭을 등록하며 대내외적으로 그 명칭을 사용한다. 또한 공장의 제조부장이 기술원 실장(사무국장), 공장장이 활

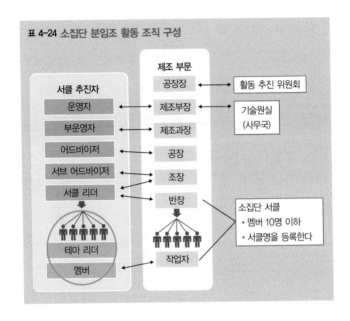

표 4-24 소집단 분임조 활동 조직 구성

동추진위원장으로서 분임조 활동을 지원한다.

분임조(서클) 리더는 ①분임조(QC Circle) 명칭의 결정 및 등록, ②분임조 모임의 자율적 개최, ③멤버 전원의 의사를 고려한 테마 선정, ④상사에 대한 보고 및 지도 수령 등을 담당한다.

분임조(서클)의 멤버들은 ①테마별로 '테마 리더' 임무 수행, ②분임조 모임 참여 및 활동, ③현장 개선을 통한 안전·품질·생산성 향상 등을 담당한다. 이를 통해 분임조는 자신들의 힘으로 일하기 쉬운 현장을 만들어간다.

분임조 활동은 근무 시간 내 또는 근무 시간 이외에 이뤄진다. 활동이 근무 시간 외에 이뤄질 때는 월 2시간까지는 잔업으로 인정하고, 2시간을 초과하면 교육 수당을 지급한다. 이를 통해 교육, 연구회, 보고회, 발표회 등이 활발히 이뤄지도록 돕는다.

소집단 분임조의 마음가짐

도요타 구성원들은 분임조 활동에 임하는 마음가짐을 자율적으로 정해 이를 준수하기 위해 노력한다. 다음의 10가지 신조를 통해 분임조 활동을 활발하게, 오래 지속하고자 힘쓴다.

① 자기계발 노력

② 자주성의 존중

③ 그룹 활동의 추진

④ 전원 참가, 전원 협력

⑤ 항상 문제의식 갖기

⑥ 현장에 밀착된 활동

⑦ 창의 연구(좋은 제품, 좋은 생각)

⑧ 품질 관리 기법의 활용

⑨ 활동의 활발화와 영속성

⑩ 표준화와 횡단 전개

소집단 분임조 활동의 추진 방법

새롭게 분임조를 결성해 활동을 시작하는 경우엔 참가자 전원이 개선 테마를 정한다. 이후 개선 테마의 내용에 따라 참가자 중에서 테마 리더를 결정하는데 최종적인 결정권은 서클 리더에게 있다. 분임조 모임은 월 1회 2시간을 기본으로 하며 한 가지 테마에 대해 보통 3~4개월가량 활동한다. 일반적으로 분임조들은 다음 순서에 따라 서로 협력하며 개선을 추진한다.

① 테마의 선정(현장의 문제에서 선정한다)

② 현상의 파악

③ 테마 리더의 선출

④ 목표의 설정

⑤ 테마 등록, 보고(사무국)

⑥ 활동 계획서의 작성

⑦ 활동 게시표(깃발)의 게시

⑧ 해석, 개선 안의 입안

⑨ 시행·실시, 효과 확인

⑩ 표준화와 관리의 정착

⑪ 정리 보고(사무국)

⑫ 차기 테마의 추진

⑬ 개선의 횡단 전개 추진

⑭ 과·부, 발표회 참가

개선 상황의 가시화

행동의 결과를 눈으로 볼 수 있도록 함으로써 바람직한
행동을 촉진하는 도요타의 방법은 소집단 분임조 활동에
서도 활용된다. 분임조들은 활동의 추진 상황을 누구나
쉽게 확인할 수 있도록 활동 게시표를 작성해 현장의 정

표 4-25 소집단 분임조 활동 게시판

소집단 분임조 활동 게시판
• 필히 게시한다

• 테마:

• 구분

구분	안전	품질	원가	보전	환경	기타

• 현장 소개

1: 선정 이유

2: 현상 파악

분임조명	
분임조 리더명	
테마리더형	

테마 등록일

• 활동 기간

개시	年·月·日	예정	年·月·日	완료	年·月·日

5: 활동계획

멤버명	역할 분담(무엇을)	(月)

6: 대책(□ · 상세: 별지 상세)

멤버명	대책 내용	대책일	표준화	평가 ◎○△X
①		/	/	
②		/	/	
③		/	/	
④		/	/	
⑤		/	/	
⑥		/	/	

7: 효과의 확인(목표와 실적치)

자기평가

3: 목표의 설정(수치화한다)

(1) : 무엇을
(2) : 언제까지
(3) : 효과는 얼마

4: 요인해석 (특성 요인도 등으로 표현한다)

9: 향후 추진 방법(향후의 테마 등을 기입한다)

코멘트(서브 어드바이저)

(서브 어드바이저명)

8: 표준화

No	내용 (작업표준서명)	변경·작성일

활동 기록	분임조	월 일						
	회합	시간						
	참가율							

보 코너에 게시한다.

소집단 분임조 보고회

분임조들은 개선 결과 발표회를 정례적으로 개최한다. 일반적으로 각 공정(과)별 단위로 시작해 부 단위와 공장 단위를 거쳐 전사 단위로 실시한다. 각 보고회의 통상적인 진행 방법은 다음과 같다.

① **과 보고회(연 2회 실시)**

- 각 과에서 근무 시간 중 개최
- 현장에 있는 분임조 활동 게시표 앞에서 실시
- 부 발표회의 대표로 1~2개 분임조 선정

② **부 발표회(연 2회 실시)**

- 각 부 추진사무국 주관으로 근무 시간 외 개최
- 과대표가 발표, 운영자(부장)와 부 운영자(각 과장)가 심사
- 최우수 분임조(1개), 우수 분임조(2개 이상) 등 선정 후 시상금 등 포상

표 4-26 전사 발표회(도요타 상)

대회 명칭	개최 시기	심사원	실시 내용
1차 발표회	매년 4~5월	대표 부장 및 과장	각 부문별 대표 분임조 중 금상, 은상 선정
2차 발표회	매년 5~6월	활동추진위원회 (회장, 위원장, 대표 위원)	금상 분임조 중 회사 대표를 복수로 선출

- 최우수 서클에게 전사 발표회 응모 자격 부여

③ 전사 발표회(도요타 상)

- 총괄 추진 사무국 주관으로 1차와 2차로 나눠서 개최
- 2차 발표회에서 선출된 분임조는 회사 대표로서 사외의 각종 발표회 참가

5장

신제품의
선행 개선 활동을
강화하라

앞에서 신제품의 품질 확보를 위한 도요타의 SE 활동의 핵심으로 선행 개선을 개괄적으로 살펴본 바 있다. 도요타는 양산을 개시하기 전에 품질을 개선하는 선행 개선에 에너지를 집결하고 있고, 이것이 세계 최고의 품질을 만드는 원동력이 되고 있다. 그런데 사실 선행 개선은 쉬운 일이 아니다. 미리 품질을 확보한 후 양산을 시작하면 좋다는 것을 누구나 알지만 이와 같은 선행 개선에 성공하기 위해선 후행 개선보다 훨씬 더 큰 노력이 필요하다. 이번 장에서는 도요타처럼 선행 개선을 하고자 원하는 기업들에게 필요한 선행 개선의 구체적인 실천 기술에 대해 살펴보자.

일석삼조 선행 개선

제품을 다 만들었는데 목표만큼 품질을 달성하지 못했다면 제품이 양산된 후에라도 개선을 해야 한다. 그러나 이와 같은 후행 개선은 도면은 물론 설비나 생산 공정 등을 완성한 후에 이뤄지는 것이므로 막대한 비용과 노력을 필요로 한다. 게다가 후행 개선은 만성적인 불량을 줄이는 데도 한계가 많다.

따라서 품질을 위해서는 무엇보다 신제품 양산 개시 전인 설계 단계부터 전 부서가 힘을 모아 여러 가지 개선을 추진해야 한다. 이것이 선행 개선이다. 설계 도면을 바꾸고, 설비를 올바로 설계하며, 제조 공정을 명확히 하고 작업표준서를 구축해 양산 개시 전에 품질 목표를 달성해놓은 다음 양산에 들어가야 한다. 그래야 신제품을 원활하게 양산할 수 있다. 신제품 양산을 시작한 후에는 곧바로 많은 제품이 필요해지는 경우가 많은데 그제서야 개선을 시작하면 늦어도 한참 늦을 수밖에 없다. 운동선수가 준비를 완벽히 끝낸 후 경기장에 나서야 하는 것처럼 제조 업체는 선행 개선을 통해 품질에 관한 완벽함을 확보한 상태로 양산에 들어가야 한다. 그래야 조속한 피크 생산에도 품질 문제 없는 좋은 제품을 만들 수 있다.

이와 같은 선행 개선의 효과를 크게 생산량 확보, 품질 확보, 원가 절감의 세 가지로 요약할 수 있다.

선행 개선의 첫 번째 효과는 생산량의 확보다. 신제품을 양산하게 되면 예상보다 빠르게 많은 상품이 필요하게 되는 경우가 많으므로 양산 초기부터 안정된 생산을 할 수 있어야 한다. 그러나 선행 개선 없이 이뤄지던 과거 방식으로는 일반적으로 피크 생산량까지 올라가는 데 6개월 정도가 소요되어왔다. 양산 개시 후 이뤄지는 품질 문제 해결을 위한 시간과 에너지가 들기 때문이다. 그러나 선행 개선을 실시한 후에는 불과 한 달이면 생산량을 피크까지 빠르게 상승시킬 수 있다. 선행 개선을 통해서는 〈표 5-1〉과 같이 거의 직각에 가까운 양산 패턴이 가능한 것이다. 이처럼 선행 개선은 생산량을 조기에 안정적으로 확보할 수 있다는 커다란 효과를 갖고 있다.

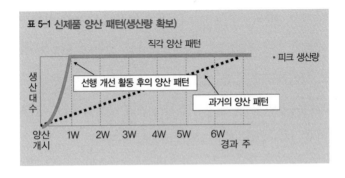

표 5-1 신제품 양산 패턴(생산량 확보)

직각 양산 패턴

• 피크 생산량

생산대수

선행 개선 활동 후의 양산 패턴

과거의 양산 패턴

양산 개시　1W　2W　3W　4W　5W　6W

경과 주

　선행 개선의 두 번째 효과는 품질의 확보다. 선행 개선은 신제품 양산 과정에 필요한 품질을 강력하게 보증한다. 양산 직후에는 불가피하게 불량이 많이 발생하기 때문에 직행률이 낮을 수밖에 없다. 관건은 빨리 불량 문제를 해결해 얼마나 빨리 직행률을 높이느냐 하는 건데 선행 개선은 이에 대한 탁월한 효과를 만들어낸다. 선행 개선 실시 후 품질 불량 발생 상황을 조사하면 생산 대수와 같이 1개월이면 직행률을 목표치로 신속하게 높일 수 있다. 양산 과정에서 발생할 불량 원인을 미리 예측해 보완함으로써 양산 이후 수정 과정에서 이뤄지는 불량을 방지한다.

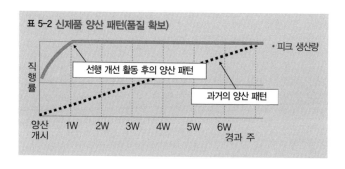

표 5-2 신제품 양산 패턴(품질 확보)

선행 개선 활동 후의 양산 패턴

피크 생산량

과거의 양산 패턴

직행률

양산 개시　1W　2W　3W　4W　5W　6W

경과 주

　선행 개선은 원가 절감에도 효과적이다. 고쳐야 할 부분을 미리 개선하기 때문에 양산 후 개선에 필요한 경비를 크게 줄일 수 있다. 양산 후에 발생하는 설비 개선 비용이나 개선 공수 등을 대폭 절감하기 때문이다. 선행 개선은 호미로 막을 것을 가래로 막는 것이 아니라 가래로 막아야 할 큰 비용 대신 호미를 활용해 적은 비용으로 막을 수 있다. 아픈데 묵혀서 병을 키우는 것이 아니라 초기에 질병을 치료하는 것이 바로 선행 개선이다. 이처럼 선행 개선은 생산량 확보, 품질 확보, 원가 절감이라는 세 마리 토끼를 한꺼번에 잡는 탁월한 솔루션이다.

　선행 개선의 목적은 궁극적으로 제조 공정에서 품질이

좋은 상품을 안정되게 생산할 수 있도록 하는 데 있다. 이를 위해서 도요타는 보통 다음과 같은 단계대로 전사가 일체가 되어 선행 개선 활동을 추진한다.

표 5-3 선행 개선 활동 내용 개요

① SE 활동	· PPC 활동 · DR 활동 · VE 활동 · 시작차 평가
② 생산 준비 활동 (생산 기술 부서) (생산 관리 부서)	· 공작도의 작성 · 설비 조달 · 공정 설비 · 생산 지시 · 부품조달(KANBAN)
③ 제조 준비 활동 (제조 부서)	· 작업 공정 구축 · 작업표준서 작성 · 작업 훈련 · 물류(공장 내)
④ 품질 보증 활동 (품질보증부)	· 품질 표준서 작성 · QC Network · 협력 업체 지도
⑤ 양산 시작부터 양산 개시 활동 (신차진행관리부)	· 정식도에 의한 정책 · 양산 설비의 확인 · 품질 확인 · 불량 대책 · 오베야화 · 신차 진행 회의

① SE 활동: 도면의 완성도를 높이는 작업이다.

② 생산 준비 활동: 정밀도 좋은 설비, 고장 나지 않는 설비, 효율성 높은 생산 방식, 물류 시스템을 구축한다.

③ 제조 준비 활동: 품질을 확보할 수 있는 표준 작업을 정립한다.

④ 품질 보증 활동: 품질을 공정에서 달성하는 실제적인 작업이다.

⑤ 양산 시작부터 양산 개시 활동: 오베야 활동을 중심으로 이뤄진다.

선행 개선 5단계 활동의 내용을 개괄적으로 요약하면 〈표 5-3〉과 같다. 이에 대해 하나하나 자세히 살펴보자.

[참고]

신제품 양산 일정 계획

도요타가 표준적인 신형 차량을 기본으로 할 때 활용하는 일정이다. 보통 차종, 신상품 개발 상황에 따라 양산 일정을 결정한다.

표 5-4 신제품 양산 일정 계획

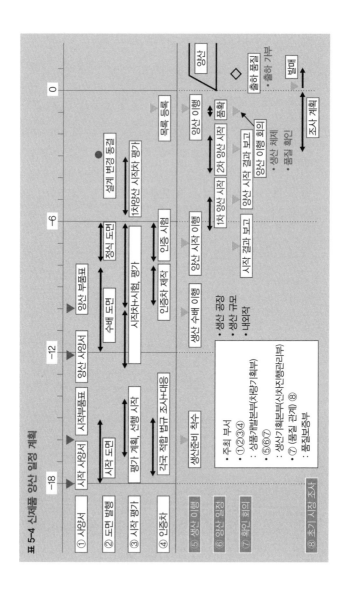

설계 도면의 완성도를 높이는 SE 활동

좋은 설계가 좋은 품질을 만든다. 품질이 좋은 제품을 안정적으로 만들려면 설계 단계에서 도면의 완성도를 최대한 높여야 한다.

선행 개선의 첫 번째 단계인 SE 활동은 이를 위해 설계 단계의 품질을 달성하는 작업이다. SE를 해석하자면 동시적(同時的) 기술인데 이는 설계와 제조가 한꺼번에 이뤄지는 것처럼 설계의 완성도를 높인다는 뜻이다.

SE 활동에는 설계 부문은 물론 생산 준비 부문, 제조 준비 부문, 품질 보증 부문 등이 모두 참여해 설계 부서에게 양산하고자 하는 제품의 문제점을 개선하고 제조 용이성을 높일 수 있는 아이디어들을 제안한다. 이때는 원가 절감에 관한 내용도 포함된다. 구체적으로 SE 활동은 보통 다음 네 가지 활동들을 통해 실행된다.

① PPC(Pre-Product Check) 활동

현재 양산하고 있는 제품의 여러 가지 문제점과 개선 필

표 5-5 SE 활동 프로세스

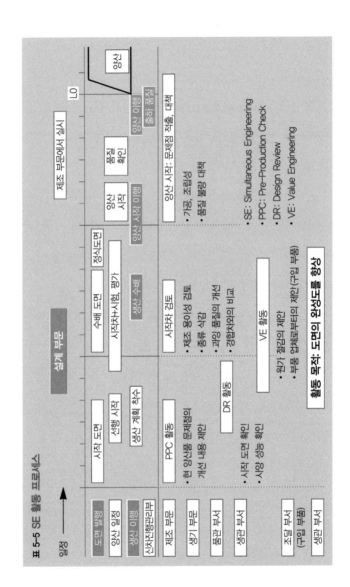

일정 →

	시작 도면	수배 도면		정식도면	양산 시작 이행		양산 이행
설계 부문					**제조 부문에서 실시**		LO 양산

도면 발행 · 양산 일정 · 생산 이행 · 신차진행관리표

선행 시작 · 생산 계획 착수

시작자+시험, 평가

생산 수배

양산 시작

품질 확인

종합 품질

양산 이행

제조 부문
PPC 활동
· 현 양산품 문제점의 개선 내용 제안

설기 부문
시작차 검토
· 제조 용이성 검토
· 종류 삭감
· 과잉 품질의 개선
· 경합차와의 비교

양산 시작: 문제점 적출, 대책
· 가공, 조립성
· 품질 불량 대책

품관 부서
DR 활동

생관 부서
· 시작 도면 확인
· 사양 성능 확인

조달 부서
(구입 부품)
VE 활동
· 원가 절감의 제안
· 부품 업체로부터의 제안 (구입 부품)

생관 부서

· SE: Simultaneous Engineering
· PPC: Pre-Production Check
· DR: Design Review
· VE: Value Engineering

활동 목적: 도면의 완성도를 향상

요 사항을 설계 부서에 제안하면 설계 부서가 이 의견을 반영해 신제품 도면을 수정 및 보완하는 활동이다.

② DR(Design Review) 활동

시작 도면에 따라 시작차가 완성된 후 시작 도면을 검토하는 활동이다. 이를 통해 사양 기능을 확인하고 생산상 문제가 되는 내용을 개량할 것을 제안한다.

③ VE(Value Engineering) 활동

설계 부서와 함께 하는 원가 절감 활동이다. 이때 외주 부품에 대해서는 협력 업체도 참여해 제안 활동을 실시한다.

④ 시작 부품을 대상으로 시작차를 검토해서 제조 용이성을 높이고 종류를 줄인다. 과잉 품질을 해소하기도 한다. 이때는 경쟁 차와의 비교도 자주 활용된다.

생산 준비 활동

도요타에서 SE 활동 다음의 선행 개선은 2단계인 생산 준비 활동으로 이어진다.

표 5-6 생산 준비 활동

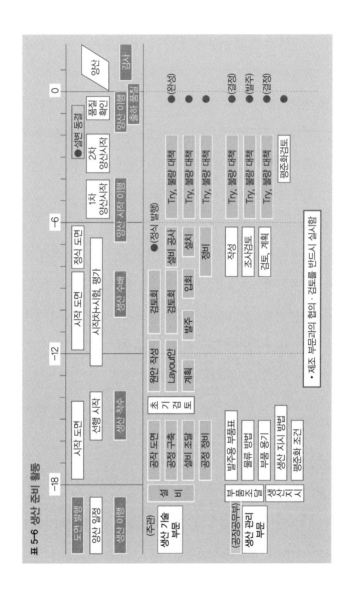

먼저 생산 준비 활동을 위해 생산 기술 부서는 설비를 도입하고 공정을 구축하고, 생산 관리 부서는 생산을 지시하고 부품 조달을 준비한다. 이를 위해 두 부서는 관계 부서와의 제휴, 특히 설비를 실제로 사용하는 제조 부서와 밀접하게 협업해야 하는데 일반적으로 설비 검토 회의와 설비 입회 등을 통해 긴밀히 연계해 생산 준비에 필요한 업무를 추진한다.

제조 준비 활동

생산 준비까지 완료되면 3단계인 제조 준비 활동에 돌입한다. 도요타에서는 신제품 양산을 위해 제조 부문 안에 특별 팀을 편성하는 것이 일반적이다. 3~5명 정도의 조/반장과 제조 부서 담당 기술원을 생산 준비 요원으로 선출해 업무를 배정한다.

이 특별 팀은 보통 ①SE 활동 참가, ②제조 공정 구축, ③작업표준서 작성 및 작업 훈련, ④양산 시작 실시,

표 5-7 제조 준비 활동

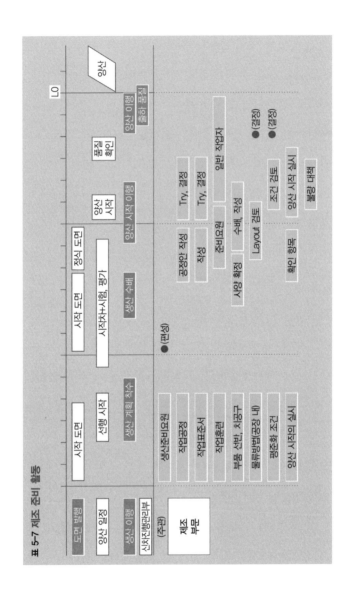

⑤양산의 제반 준비, ⑥양산 시 평준화 생산 조건 작성 등을 수행한다. 이와 같은 업무들을 위해 특별 팀은 생산 준비 부서와 품질 관리 부서 등과 연계해 작업을 수행한다.

품질 보증 활동

선행 개선의 제4단계는 품질 보증 활동이다. 공장의 품질 관리부는 제조 부서와 연계해 제조 공정의 품질 달성을 위한 체제를 구축해 품질 보증 활동을 수행한다. 이때는 일반적으로 ①각종 검사(품질)표준 작성, ②신제품의 초품 확인 및 양산 특별 체제 구축, ③양산 제품의 시장 출하 판정, ④양산 후공정 감사 및 제품 감사의 내용 정리, ⑤초기 시장 조사, ⑥신제품 양산 후 품질 문제에 대한 조기 대책 수립 및 실시 등이 이뤄진다.

표 5-8 품질 보증 활동

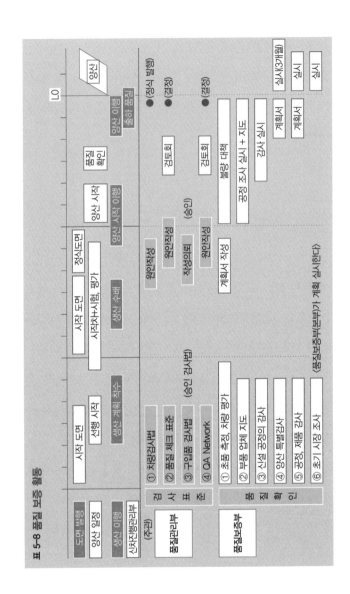

양산 시작 단계부터 양산 개시 활동

선행 개선을 위한 마지막 5단계는 양산 시작부터 양산 개시 활동이다. 도요타는 설계 부문의 시작 평가가 완료되어 정식 도면이 발행되면 양산 시작을 실시한다. 이 단계는 일반적으로 다음과 같은 순서에 따라 이뤄진다.

1. 양산 시작 이행

양산 시작은 신제품 양산을 순조롭게 하기 위한 개시로 공장의 생산 관리 부서, 제조 부서, 품질관리부가 함께 운영하고 작업한다. 이때는 양산 시 사용하는 설비를 활용해 기계로 가공한 부품을 조립해 최종 제품을 완성한다. 동시에 설계 부서는 설계한 제품을 확인하고 생산 준비 부서는 설비, 기계, 공정 구축 등에 문제가 없는지 확인한다. 양산 시작 단계에서 발생한 문제는 각각의 책임 부서에서 대책을 마련한다. 한편 도면 변경은 정식도 발행 후에는 동결되기 때문에 양산 시작 이후에는 도면 변경이 아니라 설계 변경이 된다.

2. 양산 이행

양산 시작의 마지막 순서로 품질 확인 차를 제작해 품질 평가를 실시한 다음에 양산을 개시한다.

3. 출하 품질 확인 회의

품질보증부가 주최한다. 양산 제품을 샘플링 감사해 시장 출하 가부를 결정한다. 출하 품질 확인 회의에서 출하 가능이 결정되지 않는 한 도요타에서는 결코 제품을 출하할 수 없다. 출하 불가를 결정한 경우 제품은 출하 금지되고 문제점 해결 대책을 강구한다. 동시에 이미 생산된 모든 상품은 개량 및 수정된다.

4. 양산 특별 체제 가동

이후 공장의 품질관리부는 약 3개월 동안 제조 공정을 특별 관리한다. 이를 위해 품질 특별 관리 체제를 만들고 제조 공정 감사, 최종 제품 감사, 구입품의 품질 확보를 하고 문제점을 조기에 발견해 신속히 대책을 마련한다. 또한 이때 품질보증부는 초기 시장조사를 실시한다. 시장에 판매된 신상품의 클레임 상황을 파악하기 위해 판매점을 직접 방문한다. 클레임 제품은 조기에 회수해 신상품의 불량을 재빨리 확인해 대책을 수립한다.

5. 오베야 활동

이와 같은 활동들이 이뤄지는 동안은 물론 그 이후에도 도요타는 관계 부서들이 상주하는 오베야 활동을 실천하고 있다. 오베야(大屋)는 '큰 방'이라는 뜻으로 강당이나 대형 회의실 같은 회사 내의 넓은 공간에 모여 품질 중심의 정보를 공유하고 아이디어를 모으는 활동에서 비롯되었다. 특히 선행 개선을 위해 신제품에 관한 여러 가지 정보들을 누구라도 알 수 있도록 공개한다. 또한 다양한 협의나 회의도 모두 오베야에서 실시하고 있다. 신제품 양산을 위한 오베야 활동에 대해 자세히 살펴보면 우선 이 활동의 관리와 운영은 생산관리부에서 주관한다. 보통은 산하에 신차진행관리부를 편성한다. 신차진행관리부가 주최하는 오베야 활동에 관련 부서들이 참가하는데 일반적으로 설계, 생산 관리, 생산 기술, 제조, 품질에 판

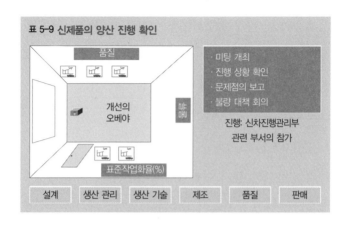

표 5-9 신제품의 양산 진행 확인

품질	
개선의 오베야	· 미팅 개최 · 진행 상황 확인 · 문제점의 보고 · 불량 대책 회의
표준작업화율(%)	진행: 신차진행관리부 관련 부서의 참가

설계	생산 관리	생산 기술	제조	품질	판매

매까지 참가하고 있다. 이를 통해 신제품 양산이 진행되는 현황을 확인하고 문제점을 공유하며 불량의 대책을 모색하고 있다.

표 5-10 양산 시작 및 오베아

양산 시작 ⬆ 양산 생산 개시

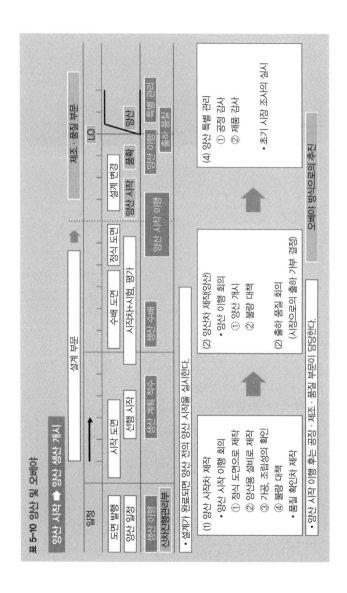

일정	설계 부문	제조 · 품질 부문
도면 발행	시작 도면 → 수배 도면 → 정식 도면	설계 변경
양산 일정	선행 시작	양산 시작
생산 이행	생산 계획 착수	생산 수배	양산
신제건행관리부	시작자시험, 평가	양산 이행	중간 품질	특별 관리

· 설계가 완료되면 양산 전의 양산 시작을 실시한다.

(1) 양산 시작차 제작
· 양산 시작 이행 회의
① 정식 도면으로 제작
② 양산용 설비로 제작
③ 가공, 조립성의 확인
④ 불량 대책
· 품질 확인차 제작

(2) 양산차 제작(양산)
· 양산 이행 회의
① 양산 개시
② 불량 대책

(2) 중간 품질 회의
(시장으로의 중간 기부 결정)

(4) 양산 특별 관리
① 공정 감사
② 제품 감사

· 초기 시장 조사의 실시

· 양산 시작 이행 후의 공정 · 제조 · 품질 부문이 담당한다.

오베아 방식으로의 추진

품질이 좋아야 오래도록 사랑받는다

오랫동안 사람들에게 꾸준한 사랑을 받는 것들이 있다. 《삼국지》나 《성경》 같은 고전이 그렇다. 짧게는 몇 백 년, 길게는 몇 천 년 전에 쓰여진 책이지만 여전히 많은 사람들은 고전을 읽고, 고전을 인용하고, 고전을 이야기한다. 오래된 음식점도 그렇다. 몇 십 년 동안 같은 자리에서 인테리어 하나 바꾸지 않고 장사를 하는 작은 식당에 사람들은 줄을 서서 음식을 먹고 즐거워하며 다른 사람에게 홍보한다. 오래전에 발표된 노래라서 너무 많이 들었는데도 지겹기는커녕 반갑고 정겨운 노래도 있다.

오래된 책과 음식점과 노래가 변함없이 사랑을 받는 이유는 무엇일까? 여러 이유가 있겠지만 가장 중요한 이유는 품질이 좋기 때문이다. 오래되긴 했지만 맛이 없는 음식점에 오래되었다는 이유만으로 가는 사람은 없다. 내용이 좋지 않은 오래된 책을 읽는 사람도 없을 것이다. 품질이 좋아야 사랑을 받고, 품질이 좋아야 오래갈 수 있다. 결국 품질이 승리의 비결이라는 뜻이다.

도요타의 인기는 얼마나 갈 수 있을까? 불과 몇 년 후 도요타의 명성은 시들어들 수 있다. 권불십년(權不十年)이라는 말처럼 10년 후에는 글로벌 자동차 시장에서 도요타의 위치가 지금보다 한참 밑에 가 있을 수도 있다. 물론 거꾸로 지금처럼 1위를 유지할 수도 있고, 지금보다도 경쟁사들을 더 멀리 제칠 수도 있을지 모른다. 그러나 분명한 것은 품질이 인기를 얻는 가장 중요한 요소라는 점이다. 지금처럼 품질에 성공한다면 도요타의 판매 대수는 계속 높아질 것이다. 품질에 실패한다면 도요타의 인기는 썰물처럼 빠져나갈 것이다.

"그래도 지구는 돈다." 종교재판에 회부된 갈릴레오 갈릴레이가 가톨릭의 압력 때문에 어쩔 수 없이 지동설을 부정한 후 재판정을 빠져나오며 했다는 이 혼잣말처럼 나는 "그래도 품질이 이긴다"고 말하고 싶다. 물론 각 회사들에서 만들어내는 제품들의 품질 차이가 예전보다 크지 않다는 사실에 동의한다. 도요타의 경쟁사들이 만들어내는 자동차 역시 언제나 도요타 품질의 아성을 넘보고 있다. 마케팅 전략이나 브랜드처럼 품질 이외의 요소들도 비즈니스 성공을 위해 중요하다는 점에도 동의한다.

그러나 그래도 품질이 이긴다. 99.9도까지도 끓지 않는 물이 100도가 되어야 끓듯이 완벽에 가까운 품질은 '완벽한 품질'과 같지 않다. 그리고 완벽한 품질을 만들어내면 이기는 것이고 그렇지 못하면 지는 것이다. 품질 이외의 성공 요소들 역시 품질이 있어야 의미 있는 것들이다. 품질이 뒤처져 있는데 다른 것들을 이긴다면 그 승리는 오래가지 못하기 때문이다.

그래도 품질이 이긴다. 결국 이기는 힘인 품질을 높이

기 위한 독자 모두의 노력을 아낌없이 격려한다. 완벽한 품질을 위한 선의의 경쟁이 대한민국은 물론 지구촌 곳곳에서 이뤄지길 소망하며….

부록

글로벌 Top 수준의 품질 관리 사례: 미후네

㈜미후네(MIFUNE)는 임직원 180명, 연 매출액 400억 원 규모의 도요타의 2차 협력 회사다. 미후네의 모든 제품은 100% 도요타가 매입한다. 즉 미후네 전체 매출이 도요타로부터 발생한다. 1978년에 설립된 이 회사는 프레스, 용접, 조립, 금형 등 자동차용 금속 부품을 생산하고 있다. 미후네는 원가 절감을 잘하는 회사로도 유명하다. 2010년부터 도요타의 지원을 받아 매년 단계별 원가 목표를 설정해 혁신을 시도한 결과 5년 만에 가공비를 30%까지 줄인 성과는 '원가 절감'의 성공 사례로 잘 알려져 있다. 그런데 미후네의 더욱 본질적인 경쟁력은 품질 관리에 있다. 원가 절감 역시 미후네가 품질 관리에 성공하고 있기 때문에 가능한 일이다.

표 A-1 미후네의 최근 3년간 불량률

항 목	2016년 실적	2017년 실적	2018년 목표
제품 생산량	88,200,000개	93,100,000개	100,000,000개
납입 불량	50개	48개	35개(0.35 ppm)
공정 내 불량	1,250개	1,363개	1,300개(13 ppm)

미후네는 2016년 납입 불량 0.56ppm, 공정 내 불량 14ppm을 기록했다. 품질 관리 현장에서 쉽지 않은 수치다. 그런데 2017년에는 납입 불량을 0.52ppm으로 더 줄였다. 2018년에는 납입 불량 0.35ppm을 목표로 하고 있는데 달성이 유력한 상황이다. 이는 전 세계 제조 업체 중 가장 낮은 불량률로 미후네는 글로벌 NO.1의 품질 관리 회사라고 할 수 있다.

그렇다면 미후네가 뛰어난 품질을 달성하는 이유는 무엇일까? 여기에는 도요타의 품질 관리 노하우를 받아들인 후 자사에 맞게 적용하고 있는 미후네만의 피땀 어린 노력이 숨어 있다. 특히 미후네의 자동화(自働化)는 프레스, 용접 라인에서 철저하게 사용되고 있다. 불량이 나면 스스로 멈추는 장치가 장착되어져 있다. 미후네의 10가지 품질 관리 비결을 소개한다.

첫째, 품질 관리 최우선. 미후네에서는 뭐니 뭐니 해도 품질 관리가 최우선이다. 품질보다 더 중요한 것은 없다. 사장 역시 예외는 아니다. 사장의 최우선 업무는 영업도 아니고 인사도 아니다. 품질이다. 품질에 관한 모든 사안은 사장이 직접 확인하고 승인한다. 인재가 제일 중요하다고 말하면서 정작 좋은 인재를 채용하고 교육하는 일보다 다른 일을 중시하는 회사들이 허다하다.

품질도 마찬가지다. 품질이 중요하다고 강조하면서도 매출 때문에 품질을 포기하고, 서비스 때문에 품질을 두고 적당히 타협하기도 한다. 그러나 미후네에서 품질보다 더 중요한 것은 없다. 사장부터 품질을 최우선시하기 때문에 구성원들 모두가 품질을 최고로 여기게 하는 데 성공하고 있다.

둘째, 미후네에는 품질관리부가 없다. 물론 품질의 목표를 세우고 전략을 수립하는 품질보증부는 있다. 그러나 품질관리부는 따로 없다. 범접하기 힘들 정도로 낮은 불량률을 기록하고 있는 회사에 품질관리부가 존재하지 않는 이유는 바로 공정에서 품질을 달성하기 때문이다.

사실 학생이 알아서 잘한다면 교사가 필요 없다. 품질 역시 공정에서 완벽하게 달성한다면 이래라 저래라 하는 품질관리부가 없어도 된다. 이와 같은 이상적인 이야기가 미후네에서는 엄연한 현실이다. 미후네는 공정에서 품질을 달성한다는 것이 품질 관리의 완성임을 보여주고 있다.

셋째, 미후네는 양산하고 있는 제조 공정에는 검사 공정이 없다. 검사 공정이 없으니 당연히 검사자도 없다. 이 역시 공정에서 완벽하게 품질을 달성하는 데 성공하기 때문이다.

넷째, 신제품 개발 단계에서 '어려운 작업의 대책'과 '과거의 불량 횡단 전개'가 반영되었는지 꼼꼼하게 체크한다는 사실이다. 미후네는 이 결과를 사장이 승인한 후에 비로소 양산을 개시한다. 이와 같은 작업을 통해 신제품 개발 단계에서 품질 달성 활동을 강화하고 있다.

다섯째, 품질 조회. 조회 이름 자체가 품질 조회다. 매일 오전 7시 50분이 되면 미후네의 전공정에서는 전일의 발생 불량 내용과 대책을 확인하는 조회가 열린다. 이를 통해 품질을 높이는 방법을 공유하고 품질을 향한 애정을 확인한다.

여섯째, 생산 부품 확인. 미후네는 하루도 빠짐없이 전일 생산한 전체 부품의 종물을 눈으로 직접 보고 손으로 만져보며 확인한다. 꺼진 불도 다시 보듯 품질에 관한 점검을 반복하는 것이다.

일곱째, 4M 변화점 관리. 당일의 4M 변화점의 대응 결과에 대한 보고회를 실시한다.

여덟째, 공정 내 불량 대책 회의. 이 회의 역시 매일매일 열리는데 각 부서의 조회 후 과장, 계장, 조장이 각각 실시한다.

아홉째, 2S 순회. 주 1회 현장을 순회해 정리 정돈 상태를 점검하고 대책을 마련한다.

마지막 열째는 품질 회의. 미후네는 월 1회 품질 회의를 개최해 고객 평가, 타사 상황, 사내 상황을 파악하고 다음 달의 추진 활동을 결정한다.

물론 이 10가지 중에서는 다른 회사들도 실천하고 있

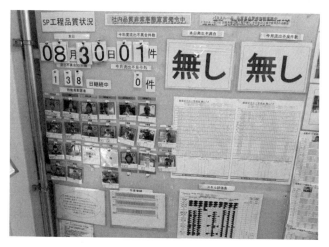

미후네 현장의 품질상황판. 오늘 불량 없음, 당월 불량 없음을 확인할 수 있다.

는 것들도 있을 것이다. 그러나 분명한 것은 공정에서 품질을 달성한다는 원칙의 준수를 위해 사장이 먼저 초미의 관심을 품질에 두고, 이를 바탕으로 다양한 품질 관리 활동들이 유기적으로 연계되어 이뤄지고 있다는 점이다. 이런 노력들이 미후네의 품질 신화를 만들어내고 있다. '안전재해 0건, 불량 50% 절감, 효율 5% 향상.' 미후네의 2018년 목표다. 미후네의 이 목표는 사장 한 사람이나 품질과 관련된 몇몇의 목표가 아니다. 약 180명의 구성원 모두가 이 목표를 남이 아닌 자신의 목표로 삼고 있으며, 이 목표를 달성하기 위해 노력하고 있다.

회사의 목표는 회사의 목표이지 나의 목표는 아니라고 여기는 사람들도 있다. 그러나 회사의 목표가 나의 목표가 되지 않으면 목표는 달성될 수 없다. 품질 목표는 더욱 그렇다. 미후네의 품질 관리 성공은 회사의 목표를 나의 목표와 동일하게 생각하며 목표를 이루기 위해 혼신의 힘을 다하는 구성원들이 있기에 가능한 일이다. 미후네 현장의 곳곳에는 품질을 향한 구성원들의 의지와 품질을 이뤄가는 구성원들의 성과를 확인할 수 있는 일면들이 존재한다. 품질에 모든 것을 거는 구성원들이 있기에 미후네의 품질 신화는 앞으로도 계속될 것이다.

품질을 이야기하면 많은 사람들은 회사의 규모를 이야기한다. 우리 회사는 아직 너무 작아서 품질도 부족하다는 것이다. 어떤 사람들은 품질을 이야기하며 구성원들의 역량을 들먹인다. 아직 설비와 기술이 열악해 높은 품질을 만들지 못한다는 푸념도 한다. 맞는 말이다. 최고의 품질이라는 걸작을 만들어내기 위해서는 규모도 필요하고 역량도 필요하다. 설비와 기술도 요구된다.

그러나 미후네의 사례는 그런 것들보다 품질을 위해 더 중요한 것이 있음을 보여준다. 품질에 대한 사장(TOP)의 강력한 의지, 도요타의 품질 관리 노하우와 같이 발전된 품질 관리 방식의 수용과 자사에 맞는 새로운 적용, 무엇보다 품질을 향한 구성원 모두의 노력이 조화롭게 이뤄져 공정에서 품질을 달성한다면 큰 회사든 작은 회사든 세계 최고의 품질을 이룰 수 있다.

불량 방지를 위한 도구들

품질 불량에 대한 최선의 대책은 두 번 다시 같은 불량을 발생시키지 않는 것이다. 그런데 품질 불량이 발생했을 때 추정 원인으로 세우는 대책은 불량을 다시 재발할 뿐이다. 따라서 도요타는 품질 불량에 대한 대책을 마련하기 위해 먼저 '확실하게 원인을 파악' 한 다음 '조치한다 (대책을 세운다)' 는 순서를 준수한다.

불량의 발생 원인 파악하기

제조 공정에서 불량이나 수정품이 발생한 경우 가장 먼저 필요한 대책은 그 원인을 확실히 파악하는 일이다.

불량품 발생에는 반드시 원인이 있다. 이 원인을 제대

로 파악하지 않으면 대책을 실행해도 불량이 재발한다. 불량의 원인을 명확하게 하려면 현행범을 잡아야 한다. 그렇지 않고 불량의 발생 원인을 추정해서 대책을 세우면 반드시 불량이 재발하게 되어 있다. 불량을 현행범으로 붙잡아야 진정한 원인을 알 수 있고 이에 따른 대책도 확실하게 세울 수 있다. 불량의 원인을 찾다 보면 여러 가지 어려움에 직면한다. 그래서 많은 작업자들이 쉽게 포기한다. 현장에서 흔히 볼 수 있는 포기의 이유들은 다음과 같다.

① 불량이 자주 발생하지 않으므로 조사가 곤란하다.
② 너무 바쁘기 때문에 생산하기에도 시간이 모자라 조사할 시간이 없다.
③ 생산하고 있는 라인을 멈출 수 없다.
④ 로트(lot) 생산이기 때문에 불량품을 모른다.
⑥ 선입 선출을 실시하지 않고 있다.
⑦ 만성 불량이 발생하고 있으므로 아예 수정 공정이 뒤에 있다.

그러나 무엇보다 현행범을 잡기 위해서는 포기하지 않아야 한다. 특히 관리 감독자는 본인이 먼저 품질 문제의 원인 조사를 쉽게 포기하지 않아야 하며 다른 작업자들의 원인 추적을 격려해야 한다.

진정한 원인의 파악

불량 발생 원인이란 현행범을 체포해야 한다. 사실 관계를 현지 현물에서 파악하고 불량의 진짜 원인을 밝혀내지 않으면 재발 방지는 완벽하게 성공할 수 없다. 그렇다면 불량의 진정한 원인을 좀 더 쉽게 찾을 수 있는 방법은 무엇일까? 불량이라는 현행범 검거를 위해 도요타에서 자주 사용하는 세 가지 방법을 소개한다.

① 동일 조건에서 반복 작업을 실시한다

똑같은 조건으로 매번 작업을 하면 불량이 언제 어떤 작업을 할 때 발생하는지 파악해 원인을 찾을 수 있다. 특히 표준 작업은 동일 조건으로 반복 작업하기 때문에 불량이 발생했을 때 그 원인을 비교적 쉽게 파악할 수 있다. 그러나 작업 방법과 조건이 다르면 원인을 찾는 일이 힘들어진다. 이럴 때는 표준 작업의 준수가 반드시 필요하다. 따라서 만약 작업표준서가 없는 경우라면 작성을 해야 하는데 작업표준서가 작성되기까지 원인을 찾고자 하는 경우에는 작업을 관찰하거나 불량 발생을 재현해서 원인을 찾아낼 수 있다.

② 1개 흐름의 작업을 한다

진정한 불량 발생 원인을 찾으려면 품질을 공정에서 달성하면서 1개씩 흘리는 방법이 효과적이다. 1개 흐름으로 작업하며 불량을 발견하면 원인을 즉각 찾을 수 있다. 또한 불량이 발생한 상황을 자세히 알기 때문에 확실한 재발 방지 대책을 세울 수 있다. 반면 로트(lot)로 생산하면 흐르는 순서가 뒤바뀌기 때문에 불량품을 발견해도 그 시점에서는 어떤 가공 상태에서 불량을 발생했는지가 불분명해진다. 그래서 결국 제품의 전수 체크나 선별 작업을 해야 한다. 또한 불량임을 깨달았을 때 이미 다른 제품을 생산하고 있는 경우가 발생하기 때문에 불량의 진정한 원인을 파악하는 것이 어려워진다. 따라서 1개 흐름의 작업을 다 하면서 불량 원인을 찾는 것이 바람직하다. 그러나 도요타에서도 프레스, 냉간 단조, 수지 등의 부품 생산은 로트로 생산되기 때문에 1개의 전수 품질 확인이 어렵다. 따라서 이때는 품질 확인 빈도를 미리 정해 품질 확인 제품 전시 방식으로 관리하고 있다.

③ 가공이나 조립 작업 직후 품질을 확인할 수 있도록 한다

각 공정이나 라인의 최종 공정에서 검사가 이뤄진다면 불량의 진짜 원인을 찾기 힘들다. 최종 공정에서 불량을

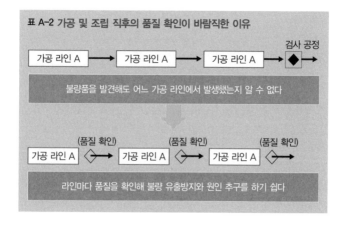

표 A-2 가공 및 조립 직후의 품질 확인이 바람직한 이유

| 가공 라인 A | → | 가공 라인 A | → | 가공 라인 A | → | 검사 공정 ◆ → |

불량품을 발견해도 어느 가공 라인에서 발생했는지 알 수 없다

(품질 확인) | (품질 확인) | (품질 확인)

| 가공 라인 A ◇→ | 가공 라인 A ◇→ | 가공 라인 A ◇→ |

라인마다 품질을 확인해 불량 유출방지와 원인 추구를 하기 쉽다

발견해도 그 불량이 어느 공정에서 발생한 것인지, 어떤 상황에서 발생했는지 추정할 수 있을 뿐이기 때문이다. 따라서 도요타는 가공이나 조립 작업이 이뤄진 직후에 품질을 확인하는 방법으로 불량의 진정한 원인을 찾고 있다.

품질 불량 대책

불량 발생의 진정한 원인을 파악한 후에는 확실한 재발 방지 대책을 실시한다. 이때는 더욱더 '품질은 공정에서 달성한다' 는 원칙의 준수가 필요한데 재발 방지 대책을 실행했다면 이에 따라 작업표준서를 개정한 다음 이를 준수하며 작업해야 한다. 이렇게 되면 결국 표준 작업을 준수하지 않으면 불량이 발생한다는 인식에 동의하게 된다. 거꾸로 표준 작업만 준수하면 불량은 일어나지 않는다는 확신이 넓어진다. 이처럼 품질 불량 대책 작업에서는 작업표준서의 개정과 표준 작업의 준수가 무엇보다 중요하다.

이를 위해 관리 감독자는 작업자에 대해 항상 작업표준서에 따라 표준 작업을 하도록 지도해야 하며, 감독자 스스로 솔선수범해 업표준서에 따라 작업해야 한다.

통계적 기법과 '5 whys'

품질 불량을 해석하는 기법들은 매우 다양하다. 그중에서 도요타에서 많이 활용하는 품질 불량 해석 기법으로 통계적 기법과 5 whys가 있다.

(1) 통계적 기법

통계적 기법은 여러 가지 품질 불량 현상을 조사하거나 데이터를 해석해 불량의 진정한 원인을 알아내는 데 매우 유용한 기법인데, 여기서는 다양한 통계적 기법 중 '품질 관리의 7가지 도구'라고 부르는 기법들을 개괄적으로 소개하고자 한다.

표 A-3 품질 관리에서 자주 사용하는 7가지 도구

도구	주요 내용
파레토도	큰 문제를 발견하는 방법. 원인을 분석해 시각화, 중점 지향, 우선순위를 부여하기 쉽게 한다.
특성요인도	원인을 밝혀내는 방법. 어골형이라고도 한다. 요인 분석을 위해 특성과 요인의 관계를 선으로 연결해 나타낸 그림.
그래프	눈의 힘을 빌리는 방법. 막대그래프, 원그래프 등 두 개 이상의 수량이나 함수의 관계를 도형으로 나타낸 것
체크 시트	데이터 수집 방법. 데이터를 항목별로 분류해 어디에 집중하고 있는지를 시각화한다.
층별	원인을 보다 세분화하는 방법. 원인으로 생각되는 요인들을 그룹화해 특성요인도의 큰 뼈로 이용한다.
히스토그램	불균형의 모습을 눈으로 보는 방법. 데이터의 불균형의 모습을 파악하는 데 활용하는 툴.
관리도	수치를 그래프화해 폭을 붙여 관리하는 방법. 공정의 품질 특성이 규격에 대해서 안정 상태에 있는지를 보는 그림.

파레토도

큰 문제를 발견하는 방법으로 각 불량 데이터를 발생 항목별로 정리해 내림차순으로 나열해 막대그래프와 누적 비율을 함께한 그림이다. 불량이 많은 순서로 막대그래프를 작성하기 때문에 불량이 많은 항목과 분포를 쉽게 알 수 있다. 또한 각 불량의 발생 비율도 알 수 있으므로 대책의 우선순위를 정할 수도 있다.

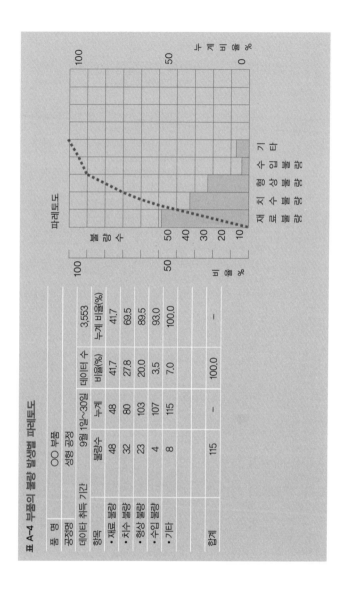

표 A-4 부품의 불량 발생별 파레토도

품 명	○○ 부품				
공정명	성형 공정				
데이터 취득 기간	9월 1일~30일		데이터 수	3,553	
항목	불량수	누계	비율(%)	누계 비율(%)	
• 재료 불량	48	48	41.7	41.7	
• 치수 불량	32	80	27.8	69.5	
• 형상 불량	23	103	20.0	89.5	
• 수입 불량	4	107	3.5	93.0	
• 기타	8	115	7.0	100.0	
합계	115	—	100.0	—	

특성요인도

원인을 밝혀내는 방법으로 결과와 원인이 서로 어떻게 영향을 주고 있는지 하는 인과 관계를 나타낸 그림이다. 원인과 결과를 명확하게 규명하는 데 유용하며 '어골(생선 뼈)형'이라고 부르기도 한다.

그래프

시각, 즉 눈의 힘을 빌리는 방법이라고 할 수 있다. 그래프에는 매우 많은 종류가 있는데 내용과 상황에 적합한 그래프를 선택해 활용하는 것이 중요하다. 일반적으로 전체를 파악할 수 있을 것, 간단명료할 것, 작성과 전달을 신속하게 할 수 있을 것, 바른 판단을 도울 것, 개선 대책 아이디어를 잘 떠오르게 할 것 등이 적합한 그래프의 조건이다. 그래프를 잘 활용하면 앞으로 어떻게 될 것이고 그래서 지금 어떤 조치를 해야 할지 즉시 알 수 있다. 또한 어떤 개선을 하면 좋을지 하는 생각도 비교적 쉽게 떠올릴 수 있다. 보통 도요타에서는 막대그래프, 꺾은선그래프, 원그래프, 레이더 차트, 띠그래프, 산포도, 분포도 등을 많이 활용한다.

표 A-5 **특성요인도**

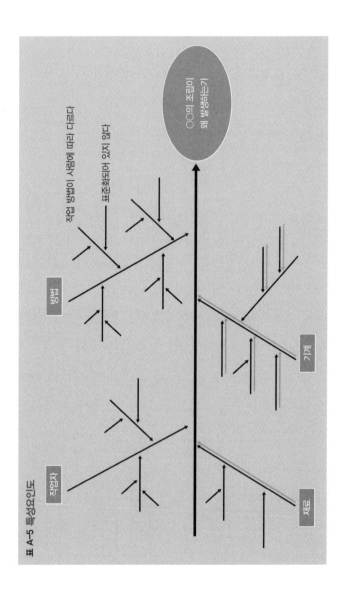

- ○○○에 의해 불량발생하는가
- 방법
- 작업자
- 기계
- 재료
- 표준화되어 있지 않다
- 작업 방법이 사람에 따라 다르다

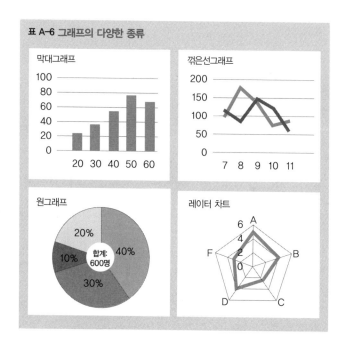

표 A-6 그래프의 다양한 종류

막대그래프

꺾은선그래프

원그래프

레이터 차트

체크 시트

데이터의 수집 방법이다. 품질 불량 등에서 수집한 개별 데이터를 직접 그래프나 도표로 만든 시트로 정보를 신속하고 올바르게 이해하도록 돕는다. 체크 시트를 작성할 때는 누구나 간단하고 빠르고 정확하게 기입할 수단을 활용하는 것과 기입한 내용을 누구라도 쉽게 알 수 있도록 표현

표 A-7 체크 시트

2018년 3월 ○○○부품 불량 발생 상황표

(일)

분류		1	2	3	4	5	6	7	8	9	–	26	27	28	29	30	31	합계
불량	• 치수 불량	//	/															
	• 조립 불량																	
	• 체결 불량	/																
내용	• 사상 불량		//															
	• 상처	/	/															
명	• 기타	/	/															
합계		5	4															
부품별	• 부품명(품번) A		/															
	• 부품명(품번) B	/																
	• 부품명(품번) C	///	//															
	• 부품명(품번) D	/	/															

해야 한다. 이에 따라 체크 시트에는 ○, ×, /의 기호가 자주 쓰인다. 체크 시트에는 각각의 데이터를 기록하는 기록용 체크 시트와 확인하고 싶은 항목을 정해 확인하는 점검용 체크 시트가 있다. 도요타의 품질 관련의 불량 해석과 대책 수립에는 이 중 기록용 체크 시트가 많이 활용된다.

층별

층별은 원인을 보다 세분화하는 방법으로 대상을 층으로 구별해 데이터를 해석하는 경우에 유용한 착안점을 제공한다. 층별을 활용하기 위해서는 우선 대상을 그룹으로 분류해야 한다. 제조 조건이 비슷한 것을 모은 다음 다른 것을 구분하고 이를 몇 개 그룹으로 나눠 해석한다. 이후 원인으로 생각되는 것을 그룹화해 특성 요인을 작성할 때 큰 뼈로 활용한다. 예를 들어 〈표 A-8〉과 같이 제조 공정의 변화점 관리 항목(4M)을 중점으로 층 구별을 하면 좋고, 시간별, 측정·검사별, 환경별 등을 넣으면 더욱 좋다.

마지막으로 층별로 표현한 소그룹의 품질 상황을 파악하는데 이때는 각종 표를 활용하는 것이 일반적이다. 실

표 A-8 층별 방법

사람	개인, 연령, 남녀, 조, 교대, 경험 등
기계 · 장치별	형식, 호기, 성능, 라인, 금형 등
원료 · 재료별	메이커, 로트, 성분, 산지 등
방법 · 조건별	온도, 압력, 속도, 순서 등
시간별	일일, 오전 · 오후, 주간 근무 · 야간 근무, 계절 등
측정 · 검사별	측정 기구, 측정 방법, 검사 방법 등
환경별	기온, 습도, 날씨, 진동이나 먼지의 유무 등

제의 데이터 등을 층별로 구분해 활용하려면 파레토도, 특성요인도, 체크 시트 등 다른 도구들을 이용해 문제를 해석하고 대책을 수립해야 한다.

히스토그램

히스토그램은 불균형의 모습을 눈으로 보는 방법이다. 체크 시트를 작성하고 공정에서 데이터를 모아 제품의 분포 상황을 알 수 있는 것을 목적으로 한다. 히스토그램은 도수, 쉽게 말해 개수를 막대그래프로 표현한 그림이기 때문에 도수분포표라고도 부른다.

제품의 품질을 확인하기 위해서는 규격과 비교가 필요한데 도요타에서는 제품의 불균형이나 규격의 중앙값과

표 A-9 히스토그램

제품명 : 플라스틱 제품(모터 커버) 중량(g)

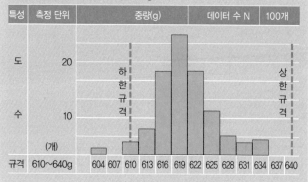

특성	측정 단위	중량(g)	데이터 수 N	100개

표 A-10 히스토그램 작성을 위한 체크 시트

실제 데이터 : 체크 시트

제품명 : 플라스틱 제품(모터 커버) 중량(g)

No	수의 경계치	중앙치	도수(실제 데이터)	도수
1	602.5~605.5	604	/	1
2	605.6~608.5	607		0
3	608.6~611.5	610	///	3
4	611.6~614.5	613	7ʰʰʰ //	7
5	614.6~617.5	616	7ʰʰʰ 7ʰʰʰ 7ʰʰʰ 7ʰʰʰ /	21
6	617.6~620.5	619	7ʰʰʰ 7ʰʰʰ 7ʰʰʰ 7ʰʰʰ 7ʰʰʰ /	26
7	620.6~623.5	622	7ʰʰʰ	21
8	623.6~626.5	625	7ʰʰʰ 7ʰʰʰ /	11
9	626.6~629.5	628	7ʰʰʰ	5
10	629.6~632.5	631	//	2
11	632.6~635.5	634	///	3
			합계	100

카테고리를 파악할 경우에 히스토그램을 자주 활용한다. 히스토그램을 작성하면 제품 정도의 분포 상태를 잘 판단할 수 있고 특히 그 제품의 공정 능력을 잘 알 수 있다. 품질 대책용 자료로 활용된다.

관리도

수치를 그래프화해 폭을 붙여 관리하는 방법이다. 현장에서 여러 가지 데이터를 얻어낸 후 이를 그래프화해 누구나 쉽게 알 수 있도록 활용하는 그림이다. 관리도는 눈으로 보는 관리를 가능하게 한다. 도요타에서는 제조 현장 관리 상태의 정상 여부 등에 자주 활용되고 있다. 데이터의 종류나 관리하는 내용에 따라 적합한 관리도를

표 A-11 관리도의 종류

No	관리도의 기호	관리도의 용도	데이터
1	$\bar{X}$–R 관리도	평균치와 범위의 관리도	계량치
2	$\bar{X}$–Rs 관리도	각각의 데이터 관리도	
3	p 관리도	불량률 관리도	계수치
4	pn 관리도	불량 개수 관리도	
5	u 관리도	단위당의 결점 수 관리도	
6	c 관리도	결점 수 관리도	

선택해서 사용하는데 관리도는 보통 〈표 A–11〉과 같은 종류로 나눈다.

　이 중 일반적으로 많이 사용되는 $\bar{X}$–R 관리도의 사용법은 다음을 참고하자.

$\bar{X}$–R 관리도
- 데이터(측정치)를 관리도에 그래프화한다.
- 평균의 변화를 보기 위한 $\bar{X}$ 관리도와 불균형의 변화를 보는 R 관리도로 되어 있다.

작성 순서
순서 1: 시료 수=n(측정 빈도)을 정한다.
n=2~6／日(1교대)의 범위에서 정한다. (통상=4가 많다)
순서 2: 측정 결과의 치를 측정기록표에 기입한다.
순서 3: 중심치, 불균형을 파악한다.
매일의 시료의 평균치=$\bar{X}$을 정해, 총 평균치=$\bar{\bar{X}}$을 계산한다.
불균형의 범위(R)를 계산해 불균형의 평균치=$\bar{R}$을 계산한다.
순서 4: 관리 선의 계산(시료 수=100, $\bar{X}$의 치로 25 이상이 좋다)

표 A-12 관리선의 계산

평균($\bar{X}$) 관리도	
중심선	$CL = \bar{\bar{X}}$
상한 관리 한계선	$UCL = \bar{\bar{X}} + A_2\bar{R}$
하한 관리 한계선	$UCL = \bar{\bar{X}} - A_2\bar{R}$

불균형(R) 관리도	
중심선	$CL = \bar{R}$
상한 관리 한계선	$UCL = D_4\bar{R}$

n	A_2	D_4
2	1.880	3.267
3	1.023	2.575
4	0.729	2.282
5	0.577	2.115
6	0.483	2.004

순서 5: 관리도에 관리선, 규격을 기입한다.
1개월, 또한 25점 이상 타점 후는 재계산해 관리선을 변경한다.
순서6: 측정치(점)를 기입한다.

표 A-13 측정치 기입 사례

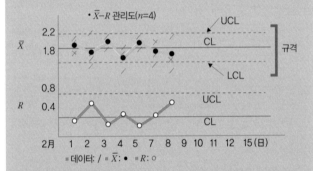

관리 상태의 판정
· 관리도에서 관리 상태를 파악해 이상 시는 대책을 마련한다(재발 방지를 실시한다).
· 특히 규격을 벗어난 경우에는 즉시 제품을 전수 확인하고 제품의 불량 유출의 처치를 실시한다.

표 A-14 관리 상태의 판정

항목	정상	이상
관리 한계선 (UCL, LCL)	규격 내	규격 외로 나와 있다
각각의 측정치(X)	모두 규격 내	일부 규격 외 발생
$\bar{X}-R$의 치	모두 관리 한계선 내	관리 한계선을 벗어난다
$\bar{X}$의 치의 런(run)	중심선(CL)을 끼고 오르내리고 있다	중심선에서 한쪽으로 연속으로 점이 늘어선 때(일반적으로는 점이 7~8점 연속했을 때)

(2) 5 whys

통계적 기법과 함께 도요타에서 자주 활용하는 품질 불량 해석 기법은 '5 whys'다.

품질 불량의 재발을 방지하기 위해서는 현장을 철저히 관찰해 발생 원인을 파악해야 한다. 그런데 진짜 원인을 파악하기 위해서는 한두 번 정도의 '왜 발생했는가?' 하는 질문만으로는 부족하다. 이 정도 노력으로는 표면적인 원인밖에 파악하지 못하기 때문에 대책 역시 응급적인 조치에 그치기 쉽다. 이를 극복할 수 있는 방법이 '왜? 왜? 왜? 왜? 왜?'를 5회 반복하는 '5 whys'다. 도요타 구성원들은 이 방법을 통해 불량의 진정한 원인을 파악하고 있다.

'5 whys'의 방법은 간단하다. 왜를 5회 반복하면 된다. 〈표 A-15〉와 같이 불량에 관한 어떤 문제의 요인을 분석하고 진정한 원인을 파악해 대책을 강구함으로써 같은 문제의 재발을 방지하는 것이다.

'5 whys'를 실행할 때는 몇 가지 요령이 있다. 첫째, 문서는 '○○가 △△했다'는 식으로 짧고 간결하게 작성한다. 둘째, 현상과 원인은 여러 가지 있을 수 있는데 이 중 최적인 것을 기입한다. 셋째, 진정한 원인이 나올 때까지 '왜?'를 반복한다. 5회라는 횟수에 국한될 필요는 없으며 거꾸로 진정한 원인이 나왔다면 5회 미만에서 중단해도 좋다. 끝으로 '○○불량', '△△가 나쁘다', '××가 오래되었다', '□□의 레벨이 낮다' 등의 표현은 사용하지 않는 것이 좋다. 이런 표현들은 왜의 반복을 포기하게 만들 가능성이 크기 때문이다. 〈표 A-16〉은 조도 불량에 관한 '5 Whys'의 사례다.

이와 같이 '5 whys'에 따라 진정한 원인을 파악한다면 어렵지 않게 재발 방지를 위한 적합한 대책을 찾아낼 수 있게 된다. 〈표 A-16〉의 사례에서는 바이트 교환 기준서를 작성한다(바이트 교환 기준: 000개/별), 설비의 가공 수 표시 카운터를 설치해 바이트 교환 시기를 알 수 있도록 한다, 다른 설비에 대해서도 횡단 전개를 실시한다 등의 대책을 수립할 수 있을 것이다. 이와 같은 '5 whys'는 품

표A-15 5 whys의 방식

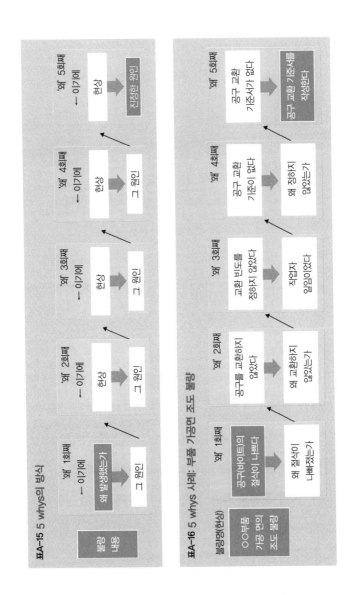

불량 내용				
	'왜' 1회째 → 이기에	'왜' 2회째 → 이기에	'왜' 3회째 → 이기에	'왜' 4회째 → 이기에	'왜' 5회째 → 이기에

표A-16 5 whys 사례: 부품 가공면 조도 불량

질 불량은 물론 설비 고장 대책이나 작업 개선 등 모든 분야에서 사용할 수 있는 유용한 방법이다.

체결 토르크 렌치를 통한 토르크값 측정

자동차 부품은 대부분 볼트와 너트로 결합한다. 그런데 이때 볼트와 너트가 덜 조여져도 문제이고 더 조여져도 문제다. 이에 따라 품질 불량이 날 수 있기 때문이다. 따라서 이 볼트·너트의 체결 토르크를 정확히 측정해 규격치에 맞는지 판정할 필요가 있다. 볼트·너트의 체결 토르크는 보통 '체결 토르크 렌치'로 결합된 볼트·너트를 움직여서 체결 토르크값을 측정한다.

체결 토르크값을 측정하는 방법은 세 가지다. 첫째, 조임 토르크로 볼트·너트를 조임 방향으로 움직여 측정하고, 둘째, 풀림 토르크로 거꾸로 볼트·너트를 풀림 방향으로 움직여 측정한다. 셋째, 되돌림 토르크는 결합된 볼트·너트를 한 번 푼 다음 풀기 전의 위치까지 되돌려서 측정한다. 그런데 풀림 토르크와 되돌림 토르크는 측정 오차가 크기 때문에 도요타는 현재 조임 토르크로 체결 토르크값을 판정하고 있다.

이에 따라 조임 토르크로 체결 토르크값을 측정하고 결정하는 방법을 살펴보자. 먼저 나사 체결 토르크의 용어를 정확히 이해할 필요가 있다. 지시 토르크는 설계 도면에 지시된 체결 토르크를 말하며 설계 토르크라고도 한다. 체결 토르크는 나사를 실제로 체결하는 경우 체결 완료 시의 토르크를 의미한다. 검사 토르크는 한 번 체결된 나사를 조임 방향에서 측정한 토르크값이다.

이어서 검사 토르크 측정 방법을 살펴보자. 먼저 한 번 체결된 나사의 체결 토르크를 측정한다. 이때는 F형 토르

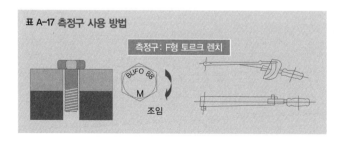

표 A-17 측정구 사용 방법

측정구: F형 토르크 렌치

BUFO 88
M

조임

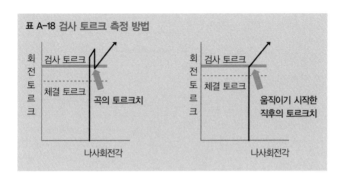

표 A-18 검사 토르크 측정 방법

크 렌치를 이용해 조임 방향에서 측정하고, 나사가 움직이기 시작한 토르크값을 측정한다. 나사가 움직이기 시작한 토르크값은 직전에 피크가 있을 때는 골의 토르크 값으로, 직전에 피크가 없을 때는 움직이기 시작한 직후의 토르크값으로 한다.

검사 토르크를 정하는 조건은 다음과 같다.

- 검사 토르크 측정 시의 불균형(측정 오차): 측정의 불균형
- 조임 방향으로 측정하므로 체결 토르크보다 높아진다: 측정의 편차
- 피 체결물(결합체)의 재질, 강성, 중간물(개스킷)에 의해 변화한다: 강성 구분

표 A-19 검사 토르크 결정 조건

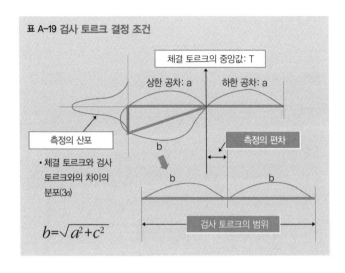

체결 토르크의 중앙값: T

상한 공차: a 하한 공차: a

측정의 산포

측정의 편차

• 체결 토르크와 검사 토르크와의 차이의 분포(3σ)

b

$$b=\sqrt{a^2+c^2}$$

검사 토르크의 범위

참고
피 체결물의 강성 구분

구분	강체	중간체	연체
적용	단단한 피체결물로 절삭되어 있고 2부품 이하의 경우	1. 피체결물이 3부품 이상 2. 중간 개스킷의 사용 3. 테이퍼 감합 부분 4. 프레스 부품	1. 명확히 피체결물의 변형이 인정되는 것 2. 비금속 부품(수지 부품 등)
사례	· 크랭크 샤프트 볼트 · 콘 로드 너트 · 플라이 휠 볼트 · 프로펠러 샤프트 너트 · 엔진 본체×브래킷 볼트	· 헤드 볼트 · 엔진 체인 커버 볼트 · 허브 너트 · 타이 로드 조인트 너트 · 도어 힌지 볼트 · 서스펜션용 볼트 · 시트 Assy 볼트	· 헤드 커버 볼트 · 워셔 탱크 볼트 · 퓨즈 Box 볼트

검사 토르크의 결정방법

-검사 토르크를 정하는 수치

구분	측정의 편차	측정의 불균형
강체	+15%	±20%
중간체	+10%	±25%
연체	+5%	±40%

-검사 토르크 결정 조건 사례

부위	지시(설계) 토르크	검사 토르크	구분
프로펠러 샤프트	48~72N · m	52~86N · m	동체
	(60±12)	(69±17)	

산정 방법	지시 토르크	검사 토르크	측정의 편차

지시 토르크
중앙치: 60 N·m
공차: 12 N·m

검사 토르크 — 측정의 편차
중앙치: $60 \times (1+0.15) = 69$ N·m
공차: $\sqrt{12^2 + (60 \times 0.20)^2} = \sqrt{288} \fallingdotseq 17$
중앙치: T   측정의 산포

표 A-20 감사 토르크 규격 일람표

단위: N·m

No	체결 부위	볼트 외경	지시 토르크 규격	지시 토르크 MAX~MIN	감사 토르크 규격	감사 토르크 MAX~MIN	강제	중간체	연체
1	프로펠러 샤프트	φ=9	60±12	48~72	69±17	52~86	●		
2	엔진 B/T ×멤바	φ=10	55±11	44~66	60.5~17.5	43~78		●	
3	도어 힌지×보디	φ=10	35±7	28~42				●	
4	엔진×A/C컴프레사	φ=10	40±8	32~48			●	●	
5	퓨즈 Box	φ=18	17±5	12~22					

감사 토르크를 정한다

부록 —— 233

(3) 갖고 있으면 쓸모 있는 장표들

도요타에서 품질 관리에 사용하는 장표들의 샘플을 첨부
한다. 이를 참조해 각 회사의 상황과 특성에 맞게 수정하
면 훌륭한 양식을 만들 수 있을 것이다.

1) 작업요령서(요소작업표)

작업요령서 (요소작업표)				작업명		작업 순서NO	작성 일자	과정	공정	조장	반장
No											
요령서 No	공수도 No	조별	공구: 수작업		규격: −		작업 타임: 초	차량		작업 위치	

No	조립 순서	작업 요령(무엇을 어떻게)	급소(감, 품질 확인, 상처방지, 안전)	사용 공구류	품번	개수
1						1
2						1
3						1
4						1
5						

개 정 란	1	년 월 일	기입자	불량	1	기입자	4		기입자
	2	년 월 일		기록	2		5		
	3	년 월 일			3		6		

(그림)

[품질: 불량 불량 발생: 예)

라벨별/번호
렌치/이동
기능
• 볼트 확인: ◇
고가오게
셀프 체크
후공정 확인
샘플
검사
• 이전: ┼
지연 업무
• 보호구
안경, 헬멧
손목/무릎보호대

2) 작업 순서서(작업지도표) - ① 조립 공정

작업 순서서

공정명		부서명		과장	기술원	작성자
라인명						
Tact	조					

차종					
공정No					
공정명					

순이서동	요소 작업명	차종	비율	작업시간	실질	표준				기능	결합(손)	비결합(%)	전자배열(초)	후 거리이동(초)	배열수납	전공구	검사	재료충전	작업 요령서 No	비고
1																				
2																				
3																				
4																				
5																				
6																				
7																				
8																				
9																				
10																				
11																				
12																				
13																				
14																				
15																				
16																				
17																				
18																				
19																				
20																				
합계																				

② 가공 공정

부서명:

과장	기술원			작업지도서		품번 품명	필요 수	변경 변호		연월일	작성자

No	작업 내용	빈도	품질 게이지	금소 (정부, 안전, 제조 용이성)	요령서 No	정미 시간: 조	Tact Time 표준 재고 수 정미 시간	변경 △ △	조 개 조		표준 재고 ● 안전 주의 + 품질확인 ◇
							• 배치도				
					합계						

부록 —— 237

3) 표준작업표 ①일반용

자형:

표준작업표

공정No	공정명			작업자명		확인자		작성자	작성일

※작업자의 동선을 기입한다

배치도를 기입한다

공정No
②③…: 작업 장소
━━━━: 보행·운반

(기호) ①: 작업 개시 위치
O: 작업 종료 위치

품질 확인 ◇	안전 주의 +	표준 재고 ●	표준 재고 수	Tact Time	정미 시간

② 조립라인용

No	공정명	006L-1	표준작업표	차량 형식	차량 형식		작업	작업 개시:	작성일
	작업명	엔진(W)/부위부		Tact Time	초/대	내용	작업 종료:	작성자

※작업자의 동선을 기입한다

부품 선반

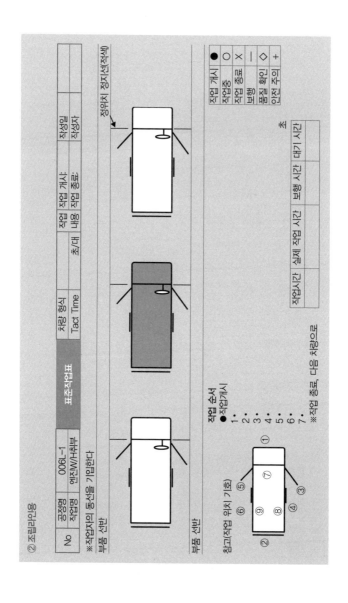

정위치 정지선(적색)

부품 선반

참고(작업 위치 기호)

작업 순서
● 작업개시
1 · ·
2 · ·
3 · ·
4 · ·
5 · ·
6 · ·
7 ·
※작업 종료, 다음 차량으로

●	작업 개시
○	작업중
×	작업 종료
—	보행
◇	품질 확인
+	안전 주의

작업시간	실제 작업 시간	보행 시간	대기 시간	초

4) 품질 체크 표준서

품질 체크 표준서

공정No									
공정명									
			품번						
			품명	실린더 블록				품질 관리 부서	제조 부서
품질 확인 항목	(기계번호) 규격치	검사구	체크 빈도				기번	비고
			초물	종물	중간	정밀		
No								
1								

• 변경 란

			품관부	제조부
기호	내용	月日	변경자	변경자

240 —— 도요타의 품질

5) 품질 불량 연락서

발행 월일 :
발행 부서 :

품 질 불 량 연 락 서		귀중	관리 No :		
				기술원실	담당
• 불량명(품명)		품번		형식	발생 상황 • □ 돌발 • □ 만성 • □ 재발
발생 일시	발생 장소(공정)	발생 대수		Lot No	

• 불량 내용
_____

불량 현품
□ : 有 □ : 無

재발 방지 보고서 〔수령 후, 3일 이내에 보고〕	보고 부서 명 年月日 :		

1 발생 원인
_____

2 잠정 대책
_____

3 재발 방지
_____

· 재발 방지의 분류
□ : 설비, 공구류의 개선
□ : 작업의 준수
□ : 작업 표준의 개정
□ : 설계 변경
□ :

• 보고서 수령일 :		확인자		
• 공정 확인일 :	• 확인 결과 □미 □대책 불충분			

6) 변화점 관리표

변화점 관 리 표																					관리 책임자 :

변화점	月			日			月			日			月			日			月			日		
	고정	변화점	유의점	확인 결과			고정	변화점	유의점	확인 결과			고정	변화점	유의점	확인 결과			고정	변화점	유의점	확인 결과		
사람																								
설비																								
작업																								
재료																								
항목	고정	변화점	유의점	확인 결과			고정	변화점	유의점	확인 결과			고정	변화점	유의점	확인 결과			고정	변화점	유의점	확인 결과		
사람																								
설비																								
작업																								
재료																								

7) 품질 공정 조사표

품질 공정 조사표(협력 업체용)		점검일		부서명	
		화사명		공정(라인명)	

No	항목	체크 내용	점검 결과	비고
1	회사 방침 (품질관계)	1 : 컨런도의 반성이 본선도의 방침에 반영되어 있는가		
		2 : 품질 목표는 명확하게 정량화되어 있는가		
		3 : 품질 목표 달성을 위한 방책이 계획적으로 전개되고 있는가		
2	표준 작업	1 : 각종 작업표준(순서서, 요령서)은 작성되어 있는가		
		2 : 작업자는 표준대로 작업하고 있는가		
		3 : 신입 작업자에게는 충분한 교육이 되고 있는가		
3	조건 관리 (설비, 기계 치구, 공구)	1 : 설비, 기계의 사용 조건 관리는 확실한가		
		2 : 금형, 바이트, 침의 교환 빈도는 명확한가		
		3 : 설비, 기계의 일상 정기 점검은 되고 있는가		
		4 : 감독자는 정기적으로 확인하고 있는가		
		5 : 설비, 기계의 청소(오염, 누유 등이 없을 것)		
4	품질 확보	1 : 품질표준서는 있는가		
		2 : 초물 확인은 확실하게 실시되고 기록이 있는가		

No	항목	체크 내용	점검 결과	비고
4	품질 확보	3: 공정 내 체크는 정기적으로 확실하게 실시하고 있는가		
		4: 정기 샘플링 확인은 하고 있는가		
		5: 검사구, 측정구의 정도 관리는 좋은가		
		6: 품질 정보는 누구라도 확인할 수 있도록 게시되어 있는가		
5	이상 처치 유출 방지	1: 이상 처치의 정의, 처치 룰(연락처, 제품의 처리방법 등)은 명확하게 정해져 있는가		
		2: 제품 방지는 확실하게 실시되고 있는가		
		3: 유출 방지(Fool Proof 장치)의 연구가 되어 있는가		
6	재료, 제품 관리	1: 재료, 제품 적치 장소는 오물, 결품, 혼입, 공정 누락 등이 발생이 우려가 없는가		
		2: 선입, 선출은 확실하게 준수하고 있는가		
		3: 제료 불량, 가공 불량 적치 장소는 명확한가		
		4: 수정품의 적치 장소, 수정 방법은 명확한가		
7	감독자의 역할	1: 감독자가 관리해야 할 중점은 좋은가 (표준 작업의 검독, 이상의 판단, 공정의 유지 개선, 작업자 교육 등)		

합계

(점검 결과의 7개 범례)
• 5 · 4 : 양호하다 • 3 · 2 : 개선의 여지가 있다 • 1 · 0 : 개선이 필요하다

점검 부서	확인자	점검자명

8) 개선보고서

No	개선보고서			작성자명:
제 목				
			• 담당 부서	
			• 담당 책임자	
	(장소 :	)	•	

[개선할 전]	[개선 후]
(年, 月, 日) :	(年, 月, 日) :
(사진)	(사진)
• 개선할 내용	• 효과(정도되어진 내용)

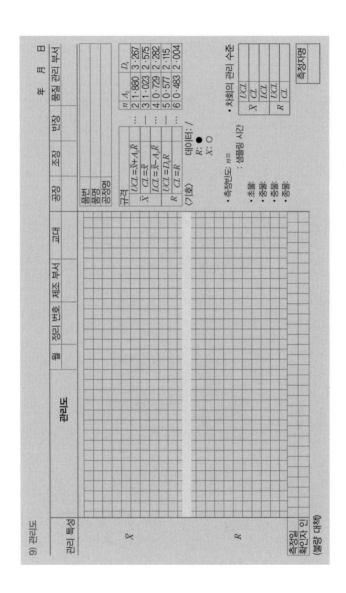

품질 관리 현주소 자가진단 및
평가 시트

품질은 공정에서 달성한다는 도요타 품질 관리의 핵심 원리의 내용은 사실 매우 간단하다. 그러나 그것을 실천하는 일은 결코 쉽지 않다. 다음 평가표를 활용해 우리 회사 현장의 현주소를 객관적으로 평가해보자.

시작이 반이다. 문제점을 발견하는 것은 품질은 공정에서 달성함으로써 도요타처럼 세계 최고의 품질을 만들어가는 시작이 된다. 이 평가표를 통해 발견한 문제점들을 하나하나 해결해가면 머지않아 도요타 부럽지 않은 품질 관리 역량을 갖출 수 있을 것이다.

현장의 품질 관리 평가표(도요타 사례)

구분	No	평가 항목	확인 내용	평가 점수	담당 부서	코멘트
작업표준서	1	작업요령서(요소 작업표)	작업의 질, 요령, 급소, 유의점, 품질 확인, 작업 시간이 기재되어 있는가			
	2	작업 순서서	각 요소 작업의 순서, 작업의 작업 순서를 정하고 있는가			
	3	표준작업표	작업자의 작업 범위, 움직임(이동)을 명확히 하고 있는가			
	4	품질 체크 표준서	중요 품질의 품질 체크 내용, 확인 빈도, 체크 실시 부서 등이 명확한가			
	5	품질표준, 한도견본표	외관 품질 등의 한도견본이 설정되어 있는가			
	6	정보관리(갱신)판의 설치	자공정, 후공정(고객)의 품질 정보(메일)의 관리를 하고 있는가			
	7	아침미팅(갱신미팅)의 실시	매일 품질 상황에 대하여 아젠다로 하고 있는가			
현장 안전 환경 관리	8	감독자의 역할	감독자는 매일 작업관리(표준작업)의 준수 상황, 재발 상황을 하고 있는가			
	9	4M 변화점 관리	사람, 작업, 설비, 부품(재료)의 변경 사는 품질 확인을 실시하고 있는가			
	10	품질 확인 결과의 기록	각 공정별로 품질 기록, 확인한 제품이 있고 관리하고 있는가			
	11	재료, 기공 불량의 관리	불량품 적치 장소가 있고, 매일 확인하고 있는가			
	12	공정별의 불량 내용의 가시화	각 작업자는 불량 발생 이력을 알 수 있도록 되어 있는가			
일상 점검 업무	13	각 작업자별의 품질보증	각 작업자의 "너의 품질 보증" 내용이 명확히 되어 있는가			
	14	중요 불량 발생 시의 대응	전수 확인, 좋아 정지 품이 명확히 되어 있는가			
	15	사외(고객) 클레임의 대응	사외 클레임 발생 시의 특별 체제			
	16	불량 재발 방지 활동	두 번 다시 발생하지 않는 재발 방지 내용인가(재발 불량 없다)			
	17	품질 회의(품질일보)	불량 발생 상황이 모고, 불량 재발 공정의 대책 상황(재발 방지)의 확인			

구분	No	평가 항목	확인 내용	평가 점수	담당 부서	코멘트
감사	18	공정 검사(표준작업)	표준작업의 준수를 확인하고 있는가			
	19	공정 검사(정기 샘플링)	중요 품질 특성치는 정기적으로 현물의 정도 확인을 하고 있는가			
	20	제품 검사(완성품)	최종 제품을 출하 상태에서 품질을 확인하고 있는가			
구입부품관리	21	승인 검사방의 룰	협력 업체와 품질 기준, 공정 관리 방법 등의 룰			
	22	협력 업체의 지도, 지원	초품 확인, 정기적인 공정 감사의 실시 / 불합격률 저감 방지 활동			
	23	공정 변경 시의 룰	공정 변경 시의 연락, 공정 확인 등의 룰			
	24	무 검사 수입	무 검사 수입의 추진, 실시			
	25	협력 업체 품질대회의 개최	품질이 좋은 협력 업체의 표창, 품질 개선 사례의 발표, 협력 업체에 대한 요망 요청 등			
기타	26	설비의 공정 능력 확보	설비별로 공정 능력이 파악되고 있는가			
	27	치구, 검사구의 관리	정기적으로 실시하고 있는가(유효 기간 리벨 있음)			
	28	품질의 포상 제도	품질이 좋은 현장, 개인의 표창 제도가 있다			
	29	신입 사원	작업 훈련소, 신입 공정의 설치가 있다			
	30	소집단 보임조 활동	소집단 보임조 활동에 의한 품질 불량 대책 실시			

- 평가 점수: 1점~5점의 범위에서 평가한다
  [5점]: 현장에 걸 정비되어 있고, 관리·유지되고 있다   [3점]: 정비되어 있다
  (1점): 미정비, 무 관리 상태다   (-): 대상 외

도요타가 최고인 이유는 도요타의 품질이 최고이기 때문이다.
도요타의 품질 관리가 도요타 신화의 핵심 비결이다.

세계 최고 이익을 창출하는 비밀!

도요타의 품질

제1판 1쇄 발행 | 2018년 10월 29일
제1판 3쇄 발행 | 2021년 9월 23일

지은이 | 오자와 케이스케
옮긴이 | 구자옥
감수 | 최순철 · 배인규
펴낸이 | 유근석
펴낸곳 | 한국경제신문 한경BP
외주편집 | 이근일
저작권 | 백상아
홍보 | 서은실 · 이여진 · 박도현
마케팅 | 배한일 · 김규형
디자인 | 지소영
본문디자인 | 디자인 현

주소 | 서울특별시 중구 정파로 463
기획출판팀 | 02-3604-590, 584
영업마케팅팀 | 02-3604-595, 583   FAX | 02-3604-599
H | http://bp.hankyung.com   E | bp@hankyung.com
F | www.facebook.com/hankyungbp
등록 | 제 2-315(1967. 5. 15)

ISBN 978-89-475-4423-8   03320